KB143008

NEW WHEELS FOR THE POST-PETROL AGE

NEW WHEELS FOR THE POST-PETROL AGE

화석연료 시대를 종료시킨 새로운 바퀴 <THE CURRENT: NEW WHEELS FOR THE POST-PETROL AGE>

2017년에는 전 세계적으로 전기차 판매량이 100만 대를 돌파했고 이듬해인 2018년에는 마이크로 모빌리티, 전기차, 전동 공구용 배터리 시장의 성장률 역시 22%에 달했다. 당시 베를린에 있는 출판사 게슈탈텐 Gestalten은 탈석유 시대, 급진적 아이디어와 친환경적 솔루션으로 에너지 전환에 다가가는 브랜드와 엔지니어, 개발자를 모아 한 권의 책으로 엮었다. '지금, 그리고 다르게 운전하기 위한 로드맵'을 선보인 것. 3개의 바퀴와 클래식한 외형을 입고 도로를 질주하는 전기차, 날렵하고 맵시 있는 모습으로 오프로드를 달리는 오토바이, 기하학적 디자인의 새로운 탈것까지. 책에서 소개하는 혁명가들은 기존의 관습과 시스템을 거부하면서 개인적이고도 신선한 아이디어를 전개하는 데 거침이 없다. 소음도 없고 기름도 없이 전에는 존재하지 않던 모습으로 도로를 달리는 이 새로운 바퀴들은 당시만 해도 잠재력과 아이디어로 어필하는 프로토타입에 가까웠지만 이제 예약을 받고, 시승을 하고, 실제로 도로를 누비는 진정한 '현재'가 됐다. gestalten.com

1.5°C

ISSUE°
GO!
ELECTRIC VEHICLE

1.5°C

1.5°C

1.5°C

1.5°C

1.5°C

1.5°C

1.5°C

DEAR, READER

안녕하세요, 소울에너지 대표 안지영입니다. 소울에너지가 기후 환경 이슈를 공유하고, 지구를 살리고자 노력하는 이들의 커뮤니티로 자리매김하기 위해 발행하는 <1.5°C>가 어느덧 2호를 내게 됐습니다.

이번 호 테마는 친환경 이동 수단인 '전기차'입니다. 미국공중보건협회에 따르면 차량에 의한 대기오염이 연간 800억 달러(한화 약 95조2000억 원) 규모의 호흡기 질환과 조기 사망을 일으킨다고 합니다. 그야말로 천문학적 수치입니다. 지금과 같은 추세라면 언젠가 물질적 가치로는 치환할 수 없는 비용을 지불해야 할지도 모릅니다. 어쩌면 '인류의 미래' 그 자체를 잃어버릴 수도 있습니다.

전기차에 대한 관심은 이런 자각에서 비롯되었습니다. 파리기후변화협약 이후 6년이 지난 지금, 내연기관차 퇴출을 위한 각국의 노력은 눈에 띄는 성과를 거두고 있습니다. 전 세계적으로 전기차 판매량이 급증하고, 대표적인 자동차 기업들이 앞다퉈 내연기관차 생산 중단을 발표하고 있습니다. 전기차는 이제 미래를 위한 선택이 아닌 필수가 되었습니다.

그런데 여러분은 혹시 전기차의 '전기'가 어떻게 만들어지는지 알고 계신가요? 2020년 기준 한국의 에너지원별 발전설비 용량을 보면 석탄이 35.6%, 원자력이 29.0%, 가스가 26.4%입니다. 지구온난화의 주범인 화석연료를 에너지원으로 생산하는 전기가 절반이 훌쩍 넘는 62.0%를 차지하고 있습니다.

친환경적이지 않은 에너지원으로 만든 전기로 움직이는 자동차가 '전기차'라는 이유만으로 친환경적일 수 있을까요? 전기를 만드는 생산방식 자체를 바꾸지 않는다면 전기차는 결코 친환경 이동 수단이 될 수 없습니다. 전체의 6.6%에 불과한 신재생에너지 발전 비중을 빠르게 늘려야 하는 이유가 여기 있습니다.

전기차가 지구를 구하기 위해선 자동차 산업과 에너지 산업이 정부와 함께 탄소 중립이라는 하나의 분명한 목표를 가지고 달려가야 합니다. 물론 독자 여러분의 참여도 절실합니다. 생활 속 작은 실천이 지구를 살리는 첫걸음임을 잊어서는 절대 안 됩니다. 그러기 위해 어떤 의식을 갖고, 어떻게 생활을 변화시켜야 할까요? <1.5°C> 2호에 담은 풍부한 콘텐츠를 통해 그 고민에 대한 해답을 얻을 수 있을 것입니다.

해가 갈수록 기상이변은 잦아지고 또 대형화되고 있습니다. 기상이변이 말해주듯 기후 위기는 식량과 생명, 그리고 생명체들의 터전인 지구를 위협하는 요인이 되고 있습니다. <1.5°C>는 정부와 기업은 물론 모든 이와 함께 기후 위기의 돌파구를 찾고, 지구의 미래를 고민하는 하나의 '장'이 되고자 합니다. 이는 신재생에너지 기업으로서 소울에너지가 갖고 있는 본질적 지향점이자 사회적 소명이기도 합니다. 인류와 지구의 마지노선인 1.5°C를 지키기 위한 노력이 2022년 한 해에도 끊임없이 지속되길 바라며, <1.5°C>와 함께하는 캠페인에도 적극적인 참여 부탁드립니다.

〈1.5°C〉 발행인 겸 소울에너지 CEO 안지영

THE CLIMA
NOT A DIST

1.5°C

E CRISIS IS

NT FUTURE

66

이것은 전기차를 타라는 메시지가 아니다

99

전기차 한 대를 도입할 경우 연간 이산화탄소 2톤을 줄이고, 매년 소나무 17.4그루를 심는 효과를 얻을 수 있다. 그런데 전기차만 타면 정말 모든 것이 해결될까?

Old car
pla

Changes
Don't
Come easy

YET

EV Kill The
Louder Star

factory
yset

66
전기차에 사용하는 전기에너지를 얼마나 친환경적으로 만드는가가 우리에게 남은 중요한 과제다

99

전기차의 흐름이 심상치 않다. 지구 환경문제가 부각됨에 따라 친환경 이동 수단의 필요성이 크게 대두하면서부터다. 기존 내연기관 자동차의 퇴출 속도는 더욱 빨라지고, 전기차와 수소전기차 같은 무공해 자동차의 보급 속도는 기하급수적으로 증가하고 있다. 기존 내연기관 자동차는 하이브리드라고 해도 엔진이 장착되어 있어 결국 배출가스가 발생하는 만큼 완전한 무공해라고 할 수 없었다. 반면 전기차는 엔진 및 변속기 대신 배터리와 모터가 자리하면서 배출가스가 전혀 나오지 않는다. 수소전기차도 수소와 산소가 결합하는 '스택'이라는 연료전지 시스템을 탑재해 에너지와 물만 배출한다. 무공해라고 할 수 있다. 그러나 수소전기차에 쓰이는 수소는 석유화학 공정이나 철강 등을 만드는 과정에서 부산물로 발생하는 것을 활용한다. 이처럼 석유 자원에서 탈피하지 못해 수소의 발생, 이동, 저장 등 근본적 문제 해결이 필요하다. 여전히 많은 시간을 필요로 하는 이동 수단인 것이다.

친환경 모빌리티로 가장 많이 언급되는 것은 전기차다. 전기차는 전기에너지를 배터리라는 그릇에 담아서 필요할 때 꺼내 사용하는 모델이다. 문제는 배터리가 커야 사용할 수 있는 에너지도 많아지는데, 그 그릇을 만드는 비용이 매우 높다는 것이다. 전기차가 앞두고 있는 문제는 '내연기관 자동차와 비슷한 내구성과 실용성을 갖추면서 얼마나 경제적으로 제작할 수 있는가'이다.

그렇다면 전기차는 정말 기후 위기를 막는 데 도움이 되는, 친환경 이동 수단일까? 결론부터 말하자면 맞다. 무공해로 운영할 수 있는 모빌리티에는 다양한 종류가 있다. 배터리에 저장한 전기를 동력으로 사용하는 것을 기준으로 1~2인승 정도의 초소형차, 마이크로 모빌리티가 있고 전동 킥보드 같은 퍼스널 모빌리티(PM)도 있다. 여기에 앞으로 도심 공중을 수놓을 도심형 항공 모빌리티(Urban Air Mobility, UAM)도 기대되는 분야다. 험로나 특수 지형을 이동하는 로봇도 미래의 주요 모빌리티라고 할 수 있다. 이후에도 더욱 다양한 이동 수단이 전기에너지를 활용할 것으로 예상된다.

김필수

김필수 교수는 자동차 관련 칼럼에 빠지지 않고 등장할 만큼 국내 자동차 전문가 가운데 가장 왕성한 활동을 하고 있다. 또한 김필수자동차연구소 소장이자 대림대학교 자동차학과 교수이며 (사)한국전기차협회 회장, (사)한국자동차튜닝산업협회 회장 등을 맡고 있다. 《미래를 달리는 전기차 혁명》《에코드라이브 365》를 비롯해 자동차와 관련한 20권의 저서가 있다.

하지만 여기서 가장 많이 논의되는 전기차 문제가 등장한다. '배터리에 저장한 전기 에너지가 과연 친환경인가?'라는 것이다. 노르웨이는 전기에너지의 97%를 수력발전으로 만든다. 이 경우 전기차를 탄다면 공해를 일으키지 않는 재생에너지를 활용한다고 국가 적 차원에서 말할 수 있다. 그러나 우리나라는 충남 당진에 있는 석탄화력발전소에서 많은 전기를 만든다. 이때 서울에서 전기차를 탄다면 당장 차에서는 매연이 나오지 않아 무공해라고 할 수 있겠지만, 당진에서는 전기에너지를 만든 만큼 오염원을 배출한다. 따라서 전기차에 사용하는 전기에너지를 얼마나 친환경적으로 만들어내는가가 우리에게 남은 중요한 과제인 것이다. 이런 측면에서 우리나라는 운신의 폭이 적은 고차방정식을 풀어야 한다고 말할 수 있다. 석탄, 석유 같은 지하자원으로 만든 전기에너지는 결국 상대적으로 신재생에너지 대비 배출 오염원이 많다. 전기차 정책을 단순히 무공해 자동차만 보급하는 측면이 아닌, 무공해 에너지 공급 측면도 함께 고려해야 한다는 것이다. 원자력, 석탄, LNG, 풍력, 태양광 등 다양한 발전 시스템이 복합적으로 구성되어 있는 지금 이 시점에서 우리가 고민해봐야 할 문제다.

현재 전기차 보급 측면에서, 환경 규제는 주로 자동차 주행 과정에 발생하는 배출량인 탱크투휠 Tank-to-Wheel(TtW) 개념만 보는 경향이 크다. 이제는 전기에너지가 발생하는 과정을 포함한 전체 에너지 측면을 고려해 웰투휠 Well-to-Wheel(WtW)로 보는 전기차 보급 정책이 수반되어야 한다.

앞으로 국내 전기차 보급 대수는 더욱 가파르게 증가할 것이다. 그동안 남은 잉여 전력을 활용해 에너지를 보급하는 것으로 충분히 의미 부여를 했다면, 이제는 급증한 전기차와 더불어 공급 에너지의 친환경적 측면을 함께 보는 큰 시각을 갖는 것이 더욱 중요하다. 전체적인 질적 관리가 중요하다는 뜻이다. 즉, 나무만 보는 게 아니라 산을 보는 큰 시각으로 미래 모빌리티의 진정한 친환경화가 이루어져야 한다. 이제는 전기차 등이 에너지의 발생을 비롯한 여러 측면에서 진정한 친환경 모빌리티 수단으로 평가받는 시스템 구축이 가장 핵심적인 과제임을 인지했으면 한다.

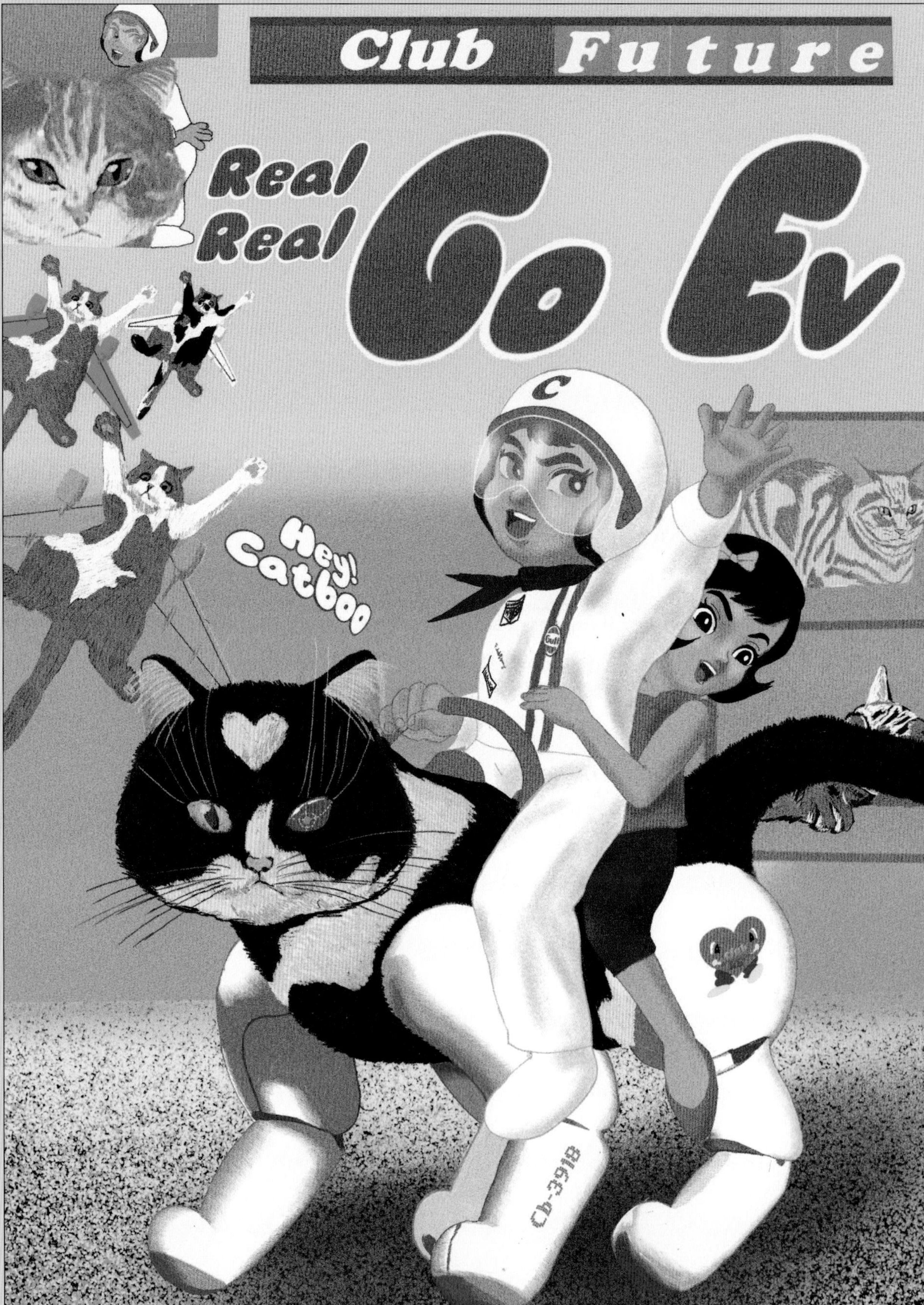
Club Future
Real Real
Go Ev
Hey! Catboo
Cb-3918

66

이동을 멈출 수 없다면 자국을 남기지 않는 것이 최선, 결국은 돌고 돌아 전기차다

99

불과 5년 전만 해도 전기차는 그야말로 낯선 존재였다. 일부 환경론자 혹은 얼리 어답터의 전유물쯤으로 여겼을 뿐이다. 그런데 단 5년 만에 상황이 급변했다. 이제 신차 구매를 앞둔 사람이라면 누구나 한 번쯤 전기차를 목록에 올린다. 77만 대에 불과하던 세계 전기차 판매는 450만 대로 급증했다. 자동차 기업에서는 이르면 10년 이내에 모든 내연기관차를 전기차로 전환할 계획을 밝히고 있다. 가속도가 붙은 전기차 시장은 지난 140년 역사의 내연기관차를 무서운 기세로 압박하고 있다.

전기차, 내연기관차에 밀리다

우리는 언제부터 탈것을 이용했을까? 인류가 바퀴로 이동하기 시작한 기록은 약 4000년 전쯤으로 거슬러 올라간다. 바퀴를 달아 굴러가게 만든 수레로 짐이나 사람을 실어 나른 게 시초라고 한다. 처음에는 사람이 끌다가 점점 동물의 힘을 빌렸고, 18세기 들어서는 증기기관과 내연기관을 발명했다. 다양한 방법으로 보다 쉽고 강력한 동력을 제공할 수 있게 되면서 운송 수단은 본격적으로 혁신을 맞았다. 우리에겐 '삼각별'로 친숙한 브랜드의 창업자 카를 벤츠가 최초의 내연기관 자동차를 내놓은 것이 1879년이다.

그런데 이와 비슷한 시기에 동력원으로서 '전기'도 등장했다. 다양한 분야에서 기술 혁신이 일어나던 2차 산업혁명 시기에 전기도 대중화하는데, 이때 잠깐 이동 수단에도 적용했다. 전기 택시와 에디슨의 전기차도 연달아 등장하지만, 명맥을 잇지 못하고 이내 사라지고 말았다. 내연기관의 등장이 너무나 혁명적이었기 때문이다. 석유는 편리하고 효율적인 에너지다. 손쉬운 방법으로 연료만 채우면 아주 먼 거리를 이동한다. 반면 전기는 충전과 에너지의 보관이 불편하고 비효율적이다. 특히 당시로는 빠르게 충전하고 멀리 가는 기술까지 기대할 수 없었다. 편리함과 효율성을 최고 가치로 여기던 시절, 전기차는 내연기관차에 패하고 말았다.

기후변화 위기, 전기차를 띄우다

그렇게 100년 이상 시장을 이끌어온 내연기관 자동차에도 위기가 닥쳤다. 1990년대에 기후변화가 심각한 사회문제로 떠오르기 시작하면서부터. 세계는 온실가스에 의한 지구온난화 문제를 해결하기 위해 1992년 첫 국제 협약을 맺었다. 공통 목적은 이산화탄소를 비롯한 각종 온실 기체의 방출을 제한해 지구온난화를 막는 것이었다. 이를 위해 각국은 자동차 기업을 향해 탄소 배출과 연비 향상을 요구했다. 그 기준은 점차 강화돼 내연기관만으로는 달성할 수 없는 수준에 이르렀고, 결국 자동차 기업들은 전기차 카드를 다시 꺼내 들 수밖에 없었다.

비주류의 도발, 시장을 키우다

미국 자동차 기업 GM이 1996년 첫 양산형 순수 전기차 EV1을 내놓았다. 하지만 내연기관 자동차를 통해 시장을 지배해온 전통적인 제조사들은 쉽게 끈을 놓지 못했다. 전기차 개발을 준비하는 한편 내연기관의 수명을 늘리기 위한 방법을 찾기 위해 노력했다. 내연기관 엔진의 효율을 높이고, 배출 가스를 저감하기 위한 기술을 개발하며, 보다 친환경적 연료 도입을 추진했다. 어떻게든 내연기관의 숨통을 유지하기 위해 이른바 '멱살잡이'에 나선 것이다.

그런 가운데 예상치 못한 전기차 제조 전문 기업이 등장했다. 바로 테슬라다. 페이팔의 성공으로 자금력을 확보한 일론 머스크와 컴퓨터공학자 등이 모여 2008년 짠 하고 고성능 전기차 로드스터를 내놓았다. 내연기관으로 발목 잡힐 일이 없으니 신속한 대응이 가능했다고 본다. 이때부터 시작이었을까, 머스크의 관종 놀이가. 언론의 집중을 받은 머스크는 SNS를 통해 홍보에 전면적으로 나서면서 테슬라를 띄우기 시작했다. 2015년 모델 S 출시까지 수없이 많은 자금 위기와 시행착오가 있었지만, 머스크 특유의 재능으로 기회를 만들었다. 이후 모델 3, 모델 X, 모델 Y까지 연타석 홈런을 날렸다. 사람들은 열광했고, 단 15년 만에 업계 1위 자동차 기업으로 자리 잡았다.

오아름

10년 차 자동차 전문 기자이자 자동차 전문 뉴스 포털 '오토타임즈'의 편집장을 맡고 있다. KBS 라디오 〈생방송 주말 저녁입니다〉, YTN 라디오 〈생생경제〉, TBS 라디오 〈라쿠카라차〉, 팟캐스트 등에서 전기차 및 자동차 산업 전문 패널로 왕성하게 활동 중이다. 최근 책 《모빌리티 미래 권력》을 펴내며, 내연기관 자동차의 종말을 이야기했다.

전기차 주도권을 잡은 또 한 곳이 있다면, 바로 중국이다. 급격한 경제성장과 더불어 자동차 보급을 진행하는 과정에서 전기차를 키워드로 내세웠다. 내연기관차의 후발 주자가 되느니 전기차로 단숨에 도약하겠다는 테슬라와 일맥상통하는 전략이다. 역시나 내연기관차의 부재가 기회로 작용했다. 중국은 최근 10년간 전기차 연구 개발 및 보급에 약 123조 원을 쏟아부었다. 중국 내수 시장을 통해 노하우를 쌓고 몸집을 키운 중국 전기차 기업들은 발 빠르게 해외시장으로 진출하고 있다. 이미 대세는 중국으로 기운 것 같기도 하다.

방향은 전기, 핵심은 속도

하지만 전통적 자동차 제조사들도 가만히 앉아서 보고만 있을 리 없다. 내연기관의 종말 시점을 앞당기고 태세 전환을 가속화했다. 제네시스는 2025년부터 신차를 전기차로만 출시하고, 볼보는 2030년까지 모든 차종을 전기차로 전환한다고 밝혔다. 벤츠 역시 2030년부터 전 차종을 전기차로 출시하고, GM은 2035년 내연기관차 생산 중단을 약속했다. 100여 년의 노하우를 담아 기술 확보와 대량생산 체제를 신속히 갖추고 있는 것이다. 치밀하고 주도면밀하게, 다만 방향은 확실하다. 모두가 전기로 향하고 있다.

지속 가능성을 위한 선택

지금까지 이동 수단의 동력은 '효율성'에 초점을 맞추었다. 얼마나 적은 비용을 투자해 빠르게 멀리 가느냐가 가장 중요한 기준이었다. 몇 번의 산업혁명을 거치면서 생산성, 효율성, 결과에 집중할 수밖에 없던 시기였다. 하지만 너무 빨리 달리는 자동차 안에서 인류는 미처 주변을 살피지 못했다. 그사이 지구는 숨을 쉬지 못하고, 급격한 온도 변화에 병들어 갔다. 아마 전기차는 내연기관차의 성장으로 아파하는 지구의 유일한 처방 약이 될 것이다. 이동을 멈출 수 없다면 자국을 남기지 않는 것이 최선인 셈이다. 결국은 돌고 돌아 전기차다.

66

내연기관 자동차가 사라진다 한들 막대한 생산과 소비가 그대로 유지되는 한 어두운 미래는 피하기 어렵다

99

미래는 갈수록 빠르게 들이닥치고 있다. 2021년 LA 모토쇼에 앞서 현대자동차가 공개한 전기차 아이오닉7의 홍보 영상을 보면, 이 차의 실내 공간을 스트리밍 방송을 위한 스튜디오로 활용하는 장면이 있다. 내연기관 자동차가 사라진 뒤에도 자동차는 젊은 세대에게 각광받는 콘텐츠 산업의 생산 거점이자 새로운 산업 생태계의 중심 무대가 될 수 있다는 비전을 제시한 것이다.

이 장면을 보면서 수년 전 대히트한 드라마 <도깨비>가 생각났다. 작중 2053년 서울에서, 도깨비(공유 분)는 내연기관 자동차 기술자를 만난다. 기술자는 일자리를 잃은 지 오래되었고 재취업의 기회를 잡기도 어렵다. 도깨비는 신묘한 힘을 발휘해 그를 돕는다. 기술자가 도깨비의 심복인 가구 회사 회장을 만나도록 인도하는데, 회장은 2053년에도 운전사가 딸린 내연기관 자동차를 사용하고 있다. 마침 이 차가 고장을 일으켜 멈춰 섰을 때, 기술자가 문제를 해결해준다. 그리고 그는 극소수로 유지되고 있는 작고 작은 내연기관 경제 생태계에 재편입된다. 이 장면을 처음 봤을 때가 2017년 1월이었다. 돌이켜보니 이 이야기에서 가장 동화 같은 부분은 '2053년'이라는 설정이었다.

왜냐하면 내연기관 자동차의 종말은 2053년이 아니라 훨씬 더 빨리 예정됐기 때문이다. 현대자동차는 2030년까지 내연기관 신차 생산을 중단하겠다는 계획을 발표했다. 전 세계 자동차업계 모두가 연이어 비슷한 플랜을 발표하고 있다. 자동차 안팎의 정치, 경제, 문화, 사회 전반이 격변할 것이다. 후대 사람들이 2020년대를 2010년대와 비교하며 결정적으로 다른 점을 찾게 된다면, '내연기관 자동차의 종말'을 전후로 무슨 일이 벌어졌는지부터 구별할 것이다.

Ev Kill The Louder Star

END OF THE WORLD
Scary monster's Sticker pack

Ev Kill The Louder Star

OIL OIL

EV Kill The Louder Star

Ev Kill The Louder Star

이것은 화석연료를 기반으로 하는 탄소 경제가 재편되는 흐름과 맞물려 있다. 2020년을 기준으로 한국의 전력 생산량은 55.2만GWh이고, 이 중 60%가 석탄과 가스를 소비해 생산한 전기다. 화석 에너지 의존도가 높은 만큼 온실가스 배출량 또한 막대해서, 세계 7위를 기록하고 있다. 2021년 10월, 한국 정부는 2030년까지 국가 온실가스를 2018년 대비 44.4% 감축하기로 발표했다. 석탄발전 비중은 2030년까지 21.8%로 줄이고, 신재생에너지는 30.2%까지 끌어올릴 계획이라고 한다. 숫자상으로는 일면 많이 줄이는 것처럼 보이지만, 2030년에도 전체 발전량의 20%를 석탄발전으로 남겨둔다는 것은 기후 위기의 엄중한 현실을 안일하게 인식한 것이다. 온실가스 배출량 감소와 석탄발전 비중 감축은 앞으로의 10년이 아니라, 지난 10년 동안에 이미 완수했어야 하는 목표다. 절체절명의 시간을 허송세월로 낭비하고도 2030년까지 여유를 부릴 작정이라니 절망부터 앞선다.

탈탄소 경제 전환에는 또 한 가지 중요한 변수가 있다. 원자력발전이다. 일론 머스크는 2021년 7월 열린 B-Word 콘퍼런스에서 "극도로 안전한 핵을 만드는 것이 가능하다"고 주장하며, 자신이 원자력발전 찬성론자임을 공개적으로 밝혔다. 전기차 개발과 시장 확대에 어느 나라보다 공격적인 중국은 앞으로 15년간 최소 150기의 원전을 추가로 건설할 계획이다. 원자력발전은 중국의 탈탄소 경제 전환 전략의 핵심이다. 시진핑 국가주석은 2019년 유엔 연설에서, 2060년까지 중국의 실질 탄소 배출량을 제로(0)로 낮추겠다고 발표한 바 있다. 저들의 만만디慢慢的 역시 우리 정부의 2030년 목표 이상으로 답답하긴 마찬가지다. 지금 같은 속도와 흐름이라면 전 세계 어느 나라도 제때 기후 위기에 대응할 수 없을 것이다.

임태훈
조선대학교 자유전공학부 조교수. 미디어 테크놀로지와 문학사의 접점, SF 문화와 사운드스케이프 예술을
연구하고 있다. 공저로 《기계비평들》《한국 테크노컬처 연대기》《시민을 위한 테크놀로지 가이드》가 있고,
대표 저서로 《검색되지 않을 자유》《우애의 미디올로지》 등이 있다.

국제에너지기구(IEA)의 발표에 따르면, 2020년을 기준으로 전 세계 전기차 전력 수요는 총 전력 수요의 1% 수준인 80TWh였다. 하지만 전기차 보급이 급증하는 2030년에 이르면 (보수적인 예측치임에도) 250TWh에서 860TWh까지 증가한다. 이때쯤이면 전기차가 전체 전력 시스템에서 전기를 가장 많이 소비하는 요소가 된다. 전체 에너지 소비 규모는 그 이상으로 증가한다. 태양광발전이 일론 머스크의 핵심 사업 중 하나임에도, 그가 원자력발전에 찬성하는 이유 역시 막대한 양으로 급증하는 전력 수요에 대응하려면 원자력발전을 제외하기 어렵기 때문이다. 현재까지 개발된 가장 뛰어난 태양광 패널 기술조차 발전 효율은 30% 수준에 불과하다. 하지만 원전은 무려 92%에 달한다.

2011년 후쿠시마 원발진재原發震災 이후 침체 일로에 있던 세계 원전 산업도 전기차 시장의 성장에 발맞춰 활기를 되찾고 있다. 내연기관 자동차 대신 전기 자동차가 늘어나고, 그 차들을 충전하는 데 필요한 전기를 생산할 원자력발전소가 늘어나는 미래(또는 조금 뒤의 현재)의 테크노스케이프를 어떻게 받아들여야 할까? 원자력발전 기술의 안전성을 지나치게 과소평가하고, 앞뒤 안 잰 채 원전을 악마 취급하는 사회 분위기가 문제인 걸까? 후쿠시마 사고는 현대 원전 기술의 수준에선 재고할 가치가 없는 예외 사례일 뿐일까?

오히려 근본적인 질문과 반성이 필요한 것은 아닐까? 지금처럼 막대한 생산과 소비, 에너지 낭비의 경제 패러다임이 그대로 유지되는 한, 내연기관차가 전기차로 바뀐다 한들, 신재생에너지를 더 많이 소비한다 한들, 환경 재앙의 어두운 미래는 피하기 어렵다. 세상과 시대의 풍경이 뒤바뀌고 있는 갈림길 앞에 놓인 질문이다.

66
아주 먼 미래의 일이라 생각하며
그렸던 '과학 상상화'가
수십 년이 지나 저의 눈앞에
현실로 만나고 있습니다.
2022년에 새로 그린 과학
상상화 역시 곧 저의 눈에
보일 것 같습니다. 참… 이게
좋은 모습일지 아니면 나쁜
모습일지는 모르겠지만,
되도록이면 좋은 모습이기를
바라며 그렸습니다

99

ILLUSTRATION CREDITS

020-021P	OLD CAR FACTORY PLAYSET.
024P	REAL REAL EV GO!!
029P	SCARY MONSTER'S STICKER PACK.
032-033P	CLUB PUPPECAR 2022 EV VER.

ILLUSTRATOR. Sungmo Kang
작가 강성모는 스트리트 아트의 감성을 바탕으로 좋아하는 요소들을 한 화면에 다채롭게 구성하는 작업을 한다.
2018년부터 'Club Puppeko!!'라는 연작 작업을 하고 있다.
@flashmo

도로 위에서 기후 위기를 전시하는 법

ART

EDITOR. Jiyeong Kim

소음과 매연을 내뿜으며
달리는 자동차 사이로
우리가 마주하는
메시지는 꽤나
직접적이다.

1.
It is Time

by Alicia Eggert

이제 때가 왔다
by 앨리샤 에거트

It is Time

복잡한 도심 속 거리에서 익숙하던 네온사인이 자동차 트레일러에 실려 도시를 돌아다닌다. 네온사인의 빛으로 새겨진 글자는 IT IS TIME. 점멸하는 불빛은 깜빡깜빡할 때마다 시간 앞에 새로운 단어를 보여준다. 'MY' 'YOUR' 'OUR' 각각의 단어는 이 시간이 누구에게 속해 있는지, 또 그것을 수호하기 위해 행동해야 할 주체가 누구인지를 보여준다. 마지막으로 깜빡이는 단어는 'ABOUT'이다. 그렇게 완성된 문장은 It is about time. 이 뒤에 이어질 말은 충분히 상상 가능하다. 이제는 정말 무언가를 해야 할 때가 왔다.

미국의 개념 미술가 앨리샤 에거트는 기후 위기가 머지않았음을 알리기 위해 예술가들의 목소리를 모은 TED 카운트다운 프로젝트에 이 트레일러를 선보였다. 미국 텍사스주 댈러스의 이곳저곳을 달리며 도로 위에서 밤낮없이 메시지를 전한 트레일러는 여행이 끝난 지금도 여전히 위기 신호를 깜빡인다. 앨리샤 에거트는 <1.5°C>에 다음과 같은 메시지를 보내왔다. "만약 당신이 앞으로 살 날이 6개월밖에 남지 않았다는 걸 알게 된다면 그 시간을 최대한 활용하기 위해 당신의 행동을, 삶을 바꿀 거예요. 지구의 남은 날들을 명확히 아는 것은 우리로 하여금 정말 중요한 것에 집중할 수 있도록 도와줍니다. 자꾸 미루면서 행동하지 않았던 패턴을 깰 수 있게 하는 것이죠."

우리에겐 시간이
얼마 남지 않았다

©Vision&Verve

2.
It's Not Warming, It's Dying

by Milton Glaser

따뜻해지고 있는 것이 아니다, 죽어가고 있다.
by 밀턴 글레이저

It's Not Warming, It's Dying

불과 몇 년 전까지만 해도 지구와 기후의 심각성을 일컫는 대표적 말은 지구온난화 혹은 기후변화였다. 하지만 지구가 겪고 있는 이 거대한 문제의 심각성과 위급성을 소거한 이런 느슨한 말들은 자칫 우리가 당면한 위기를 호도할 수 있다. 지구는 따뜻해지고 있는 것이 아니라 죽어가고 있다. 심지어 그 수명이 얼마 남지 않았다. 이 명징한 사실을 간단하면서도 강렬하게 알리는 광고가 빌보드에 등장했다. 지구를 상징하는 초록색 원이 점점 검은색으로 뒤덮이는 원형 로고와 함께 'IT'S NOT WARMING, IT'S DYING'이라는 메시지가 새겨진다.

캠페인의 주인공은 세계에서 가장 유명한 도시의 상징 중 하나인 'I ♥ NY'을 만들어낸, 미국의 전설적 그래픽 디자이너 밀턴 글레이저다. 그는 더 많은 소비를 추구하는 자본주의의 상징과도 같은 빌보드에 지구가 맞은 심각한 위기 그 자체를 광고하기로 결정했다. 첫 광고는 그가 무려 60년간 학생들을 가르쳤던 학교의 전광판에 게시됐다. 이어 이 메시지는 로스앤젤레스의 옥외광고판에 등장해 도시 사람들에게 위기를 경고했다. 광고가 끝난 뒤에도 빌보드는 그냥 버려지지 않았다. 업사이클링 패션 회사와의 협업을 통해 가방과 액세서리 등 다양한 형태의 제품으로 만들어져 팔려 나갔다. 사람들은 "나는 뉴욕을 사랑한다"는 메시지를 자신이 입은 티셔츠와 배지 등의 소품으로 전시한 것처럼 이번에는 지구를 위한 메시지를 곳곳에 전했다. 기후변화가 아닌 기후 위기를 촉구한 이 캠페인을 실행한 지 7년이 지난 지금, 당신에겐 이제 어떤 단어가 더 익숙한가?

변하고 있는 게 아니라
죽어가고 있다고!

IT'S NOT WARMING IT'S DYING.

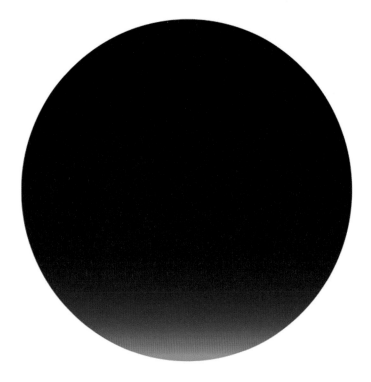

3.

High Water Line: New York, Miami, Bristol, Seoul

by Eve Mosher

높은 해수면
by 이브 모셔

High Water Line: New York, Miami, Bristol, Seoul

어느 날 당신은 길에서 거대한 기계를 끌고 있는 여자를 만난다. 그 기계가 지나간 자리에는 파란색 분필로 선명한 선이 그어진다. 이 선은 무엇이며, 그는 무엇을 하고 있는가? 이 선은 해수면에서 10피트 높이에 지형을 따라 그려진다. 과학자들의 분석에 따르면, 그 아래의 지역은 유례없는 홍수가 덮칠 때 가라앉을 것이다. 그리고 이 유례없음의 주기는 점점 더 짧아질 것이다. 2012년 허리케인 샌디는 이 선의 의미를 증명했다. 선 아래 지역들이 실제로 대부분 물에 잠긴 것이다.

이 선은 무자비하리만큼 공정하다. 오직 데이터에 따라 고급 주택가와 빈촌, 주유소와 호텔을 가리지 않고 지난다. 2007년부터 10년 넘게 이 프로젝트를 수행한 예술가 이브 모셔는 지형도와 위성사진, 나사 연구 기관의 데이터를 분석한 자료를 토대로 물에 잠길 곳의 새로운 지형을 밝혀냈다. 쉽게 닿을 수 없던 수많은 정보와 복잡한 데이터를 단 한 줄의 선으로 정리한 것이다.

극도로 단순화된 이 선은 다시 우리에게 질문을 던진다. 이 선은 어떤 의미인가? 그가 선을 그리며 도시를 걸어가는 동안 마주친 사람들은 먼저 다가와 소통을 시도한다. 이브 모셔는 프로젝트를 처음 시작한 뉴욕에서 6개월간 약 112km의 선을 그렸다. 이 프로젝트는 마이애미, 브리스톨, 서울로 이어졌다. 앞으로 이 선은 얼마나 더 이어질까? 각 도시의 사람들은 자신이 매일 걷는 땅 위에 그려진 선의 경계를 넘으며 지구의 문제를 발끝으로 느낀다. '하이 워터 라인'은 이미 존재하고 있지만 당신이 애써 피하고 싶어 하던 세계를 향한 선명한 초대장이다.

66

내가 매일 걷던 길이
어느 날 물속에
잠겨버린다면?

99

©Jayme Gershen

4.
Marry the Blue Sky

by Kong Ning

파란 하늘과 결혼하다
by 콩 닝

Marry the Blue Sky

스모그가 자욱한 베이징의 도로 한복판에서 결혼식이 벌어졌다. 비어 있는 신부의 옆자리, 안타깝게도 그녀의 신랑은 자리에 오지 못했다. 오늘의 신랑인 파란 하늘은 초미세먼지로 가득한 두터운 스모그 저편 깊숙이 숨겨져 있기 때문이다. 길이 10m, 999개의 마스크를 매단 웨딩드레스를 입은 신부의 얼굴은 마스크를 쓰고 있어 볼 수 없다. 표정이 보이지 않는 신부. 중국의 행위 예술가 콩닝은 직접 만든 웨딩드레스를 입고 베이징의 주요 랜드마크를 돌며 도로 위 수많은 차들이 내뿜은 매연 속에서 사람들에게 공기 오염이라는 이슈를 상기시켰다. 석유로 난방하는 겨울이면 베이징 시내의 스모그는 더욱 심해진다. 그녀가 하늘과 결혼식을 올린 2015년 12월, 베이징시 당국은 사상 최초로 대기오염 최고 등급인 적색경보를 발령했다.

66 마스크를 쓴 신부가
신랑 없는 결혼식을
올린 사연

99

©Reuters, Kim KyungHoon

5.
Come Hell or High Water

by Michael Pinsky

어떤 어려움이 닥쳐도
by 마이클 핀스키

Come Hell or High Water

홍수가 지나간 도시의 재해 현장이 아니다. 강 한복판에 줄지어 잠겨 있는 차들은 분명 어딘가를 향해 가고 있다. 이미 절반이 물속에 잠겨 옴짝달싹할 수 없어 보이지만 희망을 잃지 않고 있는 차들. 저 명랑한 색깔들을 보니 지금이라도 당장 구하러 가야만 할 것 같다. 이 작품은 영국 북부의 타인강 일대에 설치되어 6주간 지나가는 행인들의 눈길을 사로잡았다.
작품의 제목 'Come Hell or High Water'는 원래 어떤 어려움이 있어도 해야 할 일은 해야 한다는 뜻을 가지고 있다. 한편으론 이렇게 높아진 수면이 우리를 말 그대로 지옥 같은 곳으로 데려갈지도 모른다는 위기감을 상기시킨다. 스코틀랜드 출신의 비주얼 아티스트 마이클 핀스키는 영상, 퍼포먼스, 매핑, 조각 등 다양한 영역에서 창작을 통해 사회문제에 메시지를 던진다. 특히 자동차가 촉발한 도시문제, 대기오염 등의 이슈를 다룬 설치 작품으로 전 세계적 주목을 받았다.

지옥에 가기 전
뭐라도 할 수 있다면

©Michael Pinsky

마이클 핀스키
MICHAEL PINSKY

'Come Hell or High Water'를 설치한 지 벌써 15년이라는 시간이 지났어요. 그때의 생각이 궁금해요. 처음 이 작품을 설치할 때의 현실과 지금의 현실을 비교해보면 어떤 것이 달라졌을까요?

당장 내 집이 물에 잠기고 있는 걸 눈앞에서 본다면 누구라도 무슨 일이든 하지 않겠어요? 그런 절박한 위기감, 그리고 그로부터 생기는 강한 행동을 이끌어내고 싶었어요. 요새는 많은 예술가들이 다양한 형태로 기후 위기나 환경, 사회문제를 다루지만 당시에는 이런 주제로 작품 활동을 하는 아티스트가 별로 없었어요. 사실 환경문제는 정치와 떼놓을 수 없어요. 저는 그때나 지금이나 계속 큰 소리로 외치고 있지만 당시에는 주의 깊게 들어주는 사람이 없었죠. 하지만 이 작품이 말하는 현실은 더 심각해지기만 하고 있다는 점에서 그때와 크게 달라진 게 없다고 봐요.

많은 작품에서 '자동차'가 주요 모티브로 등장하는데, 특별한 이유가 있나요?

저는 자동차가 도시에 초래한 변화에 큰 문제의식을 갖고 있어요. 우선 도로 위를 달리는 차는 언제든 인명 피해를 일으킬 수 있는 사고의 위험을 갖고 있죠. 또 대부분의 차는 달리는 시간보다 서 있는 시간이 더 긴데요, 그 수많은 차를 주차하느라 도시의 공간을 충분히 활용할 수 없어요. 게다가 내연기관차가 내뿜는 매연은 대기오염 등 환경에도 해로운 영향을 미칩니다. 그래서 요즘은 많은 사람이 전기차로 전환해야 한다고 생각하는 것 같아요. 하지만 정말 그럴까요? 저는 단순히 전기차로 이동하는 것은 손쉽게 택할 수 있는 기술적 봉합이지 문제의 진정한 해결책은 아니라고 생각해요.

다양한 교통수단이 만들어내는 오염이 상당하지만, 일상생활에서 이동은 필수적인 것이기도 합니다. 모빌리티의 미래에 대해서는 어떻게 바라보고 있나요?

저는 한 번도 차를 소유해본 적이 없어요. 아이 둘을 학교에 데려다줄 때도 걸어 다니고 쇼핑할 때는 자전거를 이용하죠. 도시를 이동할 일이 있을 때는 버스나 기차를 타면 돼요. 물론 먼 대륙을 가야 할 때는 비행기를 이용하죠. 하지만 자동차 같은 모빌리티는 꼭 개인적으로 소유하고 있지 않더라도 일상에서 크게 문제가 생기진 않아요. 모빌리티의 미래는 훨씬 다양해지겠죠. 전기차, 전기 바이크, 세그웨이 같은 점점 새로운 형태의 모빌리티가 개발되고 있는데, 정작 도로는 자동차를 기준으로 디자인되어 있어요. 따라서 새로운 모빌리티를 둘러싸고 도로 점유나 이동 방식에 대한 갈등이 생길 수밖에 없을 겁니다. 저는 이런 것들을 포괄할 수 있도록 우리의 사고와 공간 활용이 좀 더 유연해져야 한다고 생각해요. 어떤 형태로든 모빌리티 이용을 피할 수 없다면, 최대한 공유하는 것으로 문제를 해결할 수 있을 겁니다.

작품에 여러 사회적 메시지를 담고 있지만 특히 환경에 관심이 많은 것 같습니다. 기후 위기에 대해서는 어떤 관점을 가지고 계신가요?

우리 세계는 너무 많은 것을 소비하고 있어요. 보통 물건을 살 때 그 구매 비용만 생각하고 물건이 쓰임을 다하고 난 뒤 쓰레기를 처리하는 비용은 아무도 생각하지 않아요. 고쳐 쓰는 것보다 새로 사는 게 더 싸고 쉬우니까요. 그렇게 버려진 쓰레기는 큰 배에 실려 인도나 아시아의 어느 나라 땅 또는 바닷가에 쌓이죠. 쓰레기가 만드는 환경오염은 전 지구적이에요. 그리고 이 모든 문제는 연결되어 있죠. 저는 우리가 조금의 불편을 받아들이고 시간을 더 즐길 수 있길 바라요.

이 문제를 해결하기 위해서는 누구의 어떤 노력이 필요하다고 생각하나요?

우리는 얼마나 많은 부를 소유하고 있는지로 자신의 가치를 증명하는 시대에 살고 있어요. 끝내주게 멋진 차를 가지고 있다면 더할 나위 없겠죠. 하지만 자본주의 사회에서 경제적 성장에 매몰되어 다른 가치에 주목하지 못한다면 결국 우리는 지구를 망치고 말 거예요. 더군다나 지구를 망치고 있는 사람들은 더 많은 부를 소유한 소수이고 그 피해는 고스란히 가난한 사람과 그들의 나라 몫이죠. 예를 들어, 제가 살고 있는 런던에서 차를 소유한 사람은 30%뿐이지만 그 차로 인해 도시가 입는 피해는 시민 모두에게 돌아가요. 오히려 걸어 다녀야만 하는 사람들한테 더 큰 피해가 갈 겁니다. 더 넓은 층위에서 보자면 다국적 회사에서는 여러 방법을 통해 세금을 회피하는 반면, 가난한 사람들은 더 많은 세금을 부담하고요. 이 문제를 해결하기 위해서는 반드시 국제적 수준에서 정치적 노력이 필요합니다.

Pollution Pods

이미 오염된 도시에 살고 있는 사람들은 자신이 얼마나 나쁜 공기를 들이마시며 생활하고 있는지 알기 어렵다. 진짜 깨끗한 공기를 경험해보기 전까진 말이다. 마이클 핀스키의 이 설치 작품은 6개의 돔을 내부에서 연결시킨 것으로, 각각 인도 뉴델리, 영국 런던, 브라질 상파울루, 중국 베이징, 그리고 노르웨이 타우트라의 공기를 담고 있다. 노르웨이 기술과학대학과 4년간의 연구 협업을 거쳐 이산화질소, 이산화황, 일산화탄소를 비롯해 도시마다 가지고 있는 특유의 물질까지 그대로 재현했다.

돔 내부를 한 바퀴 걷는 것만으로도 관람객은 세계 각국의 공기와 환경을 오감으로 느낄 수 있다. 매연과 각종 오염으로 희뿌연 베이징과 쓰레기를 태운 연기로 자욱한 뉴델리의 돔을 지나 소나무 향이 은은하게 퍼지는 타우트라의 맑은 공기를 들이켜는 순간까지, 단 몇 걸음 사이에 바뀌는 공기의 질 변화는 극적이다. 이 돔은 해체와 조립을 거듭하면서 세계 여러 도시를 돌아다닌다. 2019년에는 유엔 기후행동정상회의를 맞아 유엔 본부 앞에 설치되어 세계적으로 많은 주목을 받으며 세계 지도자 및 기후 활동가들 사이에 대기오염에 대한 이슈를 다시 한번 끌어냈다.

런던 한복판에서 뉴델리와 베이징의 매연을 들이마신다고?

Symposium

마이클 핀스키가 보여주는 세계에서 자동차는 교통수단 위계의 가장 아래에 자리한다. 자동차는 강을 건너기 위한 다리에서 보트에 우선권을 내주어야 한다. 이미 다리를 건너고 있는 중이라 할지라도 말이다. 다리가 반으로 나뉘어 열림에 따라 아주 정교하고 정확하게 두 동강이 난 자동차는 보트가 지나간 뒤에야 비로소 원상태를 회복한다. 그렇다면 이 다리 위에서 가장 우선순위는 무엇일까? 두 다리로 걷는 보행자다. 이처럼 마이클 핀스키가 새롭게 정의한 교통수단의 위계는 우리가 가장 중요하게 여겨야 할 것이 무엇인지 보여준다.

66

교통수단에도
위계 서열이 있다면

99

Breaking the Surface

영국의 항구도시 브리지워터 부두가 어느 날 갤러리로 바뀌었다. 심해에 버려진 물건을 건져내 미술관 속 작품처럼 전시한 것. 핀 조명과 푸른색의 스포트라이트는 어떤 물건도 꽤 그럴듯하게 보이게끔 한다. 일렁이는 물결에 비치는 환상은 잠시 우리를 감상에 빠지게 하지만, 수면 위에서의 전시가 궁극적으로 보여주는 것은 쓰임을 다한 물건이 내 눈앞에서 사라지더라도 그건 다른 어딘가로 이동할 뿐 정말 사라지는 건 아니라는 것이다.

쓰임을 다한 물건은 어디로 갈까?

66

석기시대가
종말을 맞은 것은

돌이 사라졌기
때문이 아니다

1.5°C

석유 시대 역시 석유를 다 쓰기 전에

세계가 종말을 맞이할 것이다

사우디아라비아 전 석유 장관, 샤이크 아메드 자키 야마니
Shaikh Ahmed Zaki Yamani

99

AUTOMOTIVE FILM

오토모티브 필름 토크

에너지 전환과 자동차 산업의 변화에서 정부와 기업 간 공조를 다룬
3편의 다큐멘터리를 통해 본 친환경 모빌리티의 과거, 현재, 미래.

TALK

WRITER. Yangu Kang

1.

WHO KILLED THE ELECTRIC CAR

2006

2.

REVENGE OF THE ELECTRIC CAR

2011

3.

AT WAR WITH THE DINOSAURS

2020

강양구　　기자 겸 지식 큐레이터. 2003년부터 과학기술, 보건 의료, 환경 전문 기자로 일하고 있다. 《과학의 품격》《강양구의 강한 과학》《수상한 질문, 위험한 생각들》《세 바퀴로 가는 과학 자전거》《아톰의 시대에서 코난의 시대로》 등 다수의 저서가 있다. 현재 TBS 과학 전문 기자. <신박한 벙커> 등의 방송에 출연하면서, 북 토크 팟캐스트 <YG와 JYP의 책걸상>을 운영 중이다.

장동선　　뇌과학자. 독일 막스플랑크 인공두뇌학(Biological Cybernetics) 연구소에서 뇌과학으로 박사 학위를 받은 후 현대자동차그룹 미래기술전략팀장으로 일했다. tvN <알쓸신잡 2>, TBS <신박한 벙커> 등 다수의 방송에 출연하는 등 과학과 기술의 핵심을 대중과 공유하기 위해 노력하고 있다. 현재 궁금한뇌연구소 대표로 <장동선의 궁금한 뇌> 유튜브 채널을 운영 중이다.

<누가 전기자동차를 죽였나> 2006

GM의 첫 전기자동차 EV1에 관한 이야기다. 1990년대 캘리포니아주에서 배기가스 제로법을 시행하자 GM은 배기가스를 배출하지 않는 전기자동차 EV1을 생산하기 시작했다. 그러나 대규모 정유사와 자동차 부품업계의 반발과 로비로 배기가스 제로법이 철회되면서 결국 GM의 EV1은 7년 만에 역사의 뒤안길로 사라지고 말았다. 영화 속 EV1을 전량 수거해 사막에 폐기하는 장면은 전기자동차 시대의 서막이 좌절되는 순간을 생생하게 보여준다.

<전기자동차의 복수> 2011

<누가 전기자동차를 죽였나>의 다음 이야기. EV1은 좌절되었지만 전기자동차의 가능성을 믿은 혁신가들의 의지는 꺾이지 않았다. 작품은 부활을 도모하는 전기자동차 산업 현장을 내부의 시선으로 다룬다. 닛산의 카를로스 곤 Carlos Ghosn, GM 전 부회장 밥 루츠 Bob Lutz, 테슬라 모터스의 일론 머스크 등 오늘날 전기자동차 산업의 주요 인물들이 전기자동차 시장을 되살리고 선점하려는 연구와 노력을 조명한다.

<공룡들과의 전쟁> 2020

수소에너지를 중심으로 접근한 에너지 전환 이야기. 청정에너지의 해답으로 알려진 수소에너지는 왜 자동차 산업에서 적극적 지지를 받지 못했는지 질문하며 시작한다. 클린턴 정부 시절 시작된 수소전기차 개발부터 오바마 정권 이후 변화된 기조를 따라가며 미국 재생에너지업계의 흐름을 짚어가는데, 궁극적으로는 수소 생태계로 향할 것이라는 방향성을 강조한다.

강양구　안녕하세요. 장동선 박사님, 반갑습니다!

장동선　자주 보는 처지에 또 이렇게 대화를 나누려고 하니 쑥스럽군요. 그러고 보니, 우리 지난번에 식사하면서 다음 세대 전기자동차가 배터리 전기자동차(Battery Electric Vehicle, BEV)인지 수소연료전지 전기자동차(Fuel Cell Electric Vehicle, FCEV)인지를 놓고 토론했었잖아요. 그 대화가 기억나서 부른 거죠?

강양구　맞습니다. 기억하시네요.(웃음) 더구나 장 박사님은 TV에 자주 나오는 유명한 뇌과학자이지만, 국내 최고의 자동차 회사에서도 일했잖아요. 일단 그 이야기부터 해보죠. 뇌과학자가 왜 자동차 회사에서 일한 거예요? 자동차 회사에서 주로 무슨 일을 했는지 궁금합니다.

장동선　뇌과학자와 자동차 회사의 조합이 이상해 보이지만, 듣고 보면 뜬금없진 않아요. 자동차를 운전하다 보면, 마치 운전자와 자동차가 한 몸이 된 것처럼 움직입니다. 앞으로도 자동차와 그것을 운전하고 탑승하는 인간과의 관계를 어떻게 설정할지가 아주 중요한 일이 될 거예요. 인간은 다른 인간을 어떻게 인지하는가, 뇌의 사고와 감정 행동을 연구한 뇌과학자로서 미래에는 인간이 어떻게 기계와 공존하게 될까. 이 문제를 늘 고민해왔어요. 그래서 인간 중심의 모빌리티를 실현하기 위한 미래 기술 발굴과 전략 수립 업무를 수행했습니다. 앞으론 인간을 잘 이해하는 것이 어느 분야에서나 훨씬 중요해질 것이고, 그래서 뇌과학자, 인지과학자, 심리학자 등이 자동차 회사에서도 많이 일합니다.

강양구　정말, 듣고 보니 그럴듯하네요. 이제 본론으로 들어가볼까요. 공교롭게도 장 박사님께서 자동차 회사에서 일하는 동안, 세계 자동차 산업에 대전환이 있었어요. 현대자동차를 포함한 전 세계의 내로라하는 내연기관 자동차 기업이 전기자동차로의 전환을 선언하고, 구체적인 시간 계획까지 내놓았습니다.

장동선　맞아요. 오늘 우리가 대화를 나누기 전에 함께 본 크리스 파인의 다큐멘터리 영화 <전기자동차의 복수>를 염두에 두면 진짜 '전기자동차의 복수'가 본격적으로 시작된 것이죠. 미국 자동차 회사 GM이 1996년부터 1999년까지 만들었던 전기자동차 EV1을 포기한 사정을 들여다보면 더욱더 극적이고요.

강양구　바로 그 EV1을 염두에 두고 같은 감독이 2006년에 만든 다큐멘터리 영화가 <누가 전기자동차를 죽였나>잖아요. 제목부터 무시무시하죠. 이 영화는 GM이 만들었던 EV1이 장점도 많고 인기도 있었는데 결국 멀쩡한 상태로 사막에 폐기되고 버려진 이유를 추적합니다.

IN 1996, ELECTRIC CARS BEGAN TO APPEAR ON ROADS ALL OVER CALIFORNIA. THEY WERE QUIET AND FAST, PRODUCED NO EXHAUST AND RAN WITHOUT GASOLINE.

TEN YEARS LATER, THESE CARS WERE DESTROYED.

87.00
THIS SALE $
21.488
GALLONS
4.049
PRICE PER GALLON $

TEACHER'S GUIDE

"A QUIETLY SHOCKING INDICTMENT OF OUR GAS-GUZZLING AUTO COMPANIES AND THE PETRO-POLITICIANS WHO LOVE THEM."

SUNDANCE FILM FESTIVAL 2006 · TRIBECA FILM FESTIVAL 2006

WHO KILLED THE ELECTRIC CAR?

사실 이 영화는 제목부터 음모론적이에요. 석유업계를 비롯해 전기자동차의 등장을 환영하지 않는 기득권 세력이 전기자동차를 죽였다는 것인데요, 자극적인 제목 덕분에 영화도 유명해졌죠. 심지어 우리나라 가수가 이걸 소재로 노래도 불렀어요. 혹시 자우림 좋아해요? 자우림의 8집 앨범 <음모론>에 'EV1'이라는 슬픈 노래가 있어요.

장동선　그 'EV1'이 바로 GM에서 만든 전기자동차인가요? 놀랍네요!

장동선　그렇게 봅니다. 우선 시장 분위기가 완전히 바뀌었어요. 지금은 기후 위기 같은 환경문제에 특별히 예민하지 않은 소비자도 전기자동차를 선호합니다. 그에 맞춰 자동차 회사에서도 내연기관 자동차 못지않은 성능과 디자인을 뽐내는 전기자동차를 출시하고 있습니다. 전기자동차 충전소도 계속해서 늘어나고 있고요. <누가 전기자동차를 죽였나>의 EV1이 실패할 수밖에 없었던 중요한 이유 가운데 하나는 EV1을 뒷받침할 수 있는 전기자동차 생태계가 구축되어 있지 않았기 때문이죠. 그런데 이제 전기자동차 생태계가 자리 잡고 있습니다. 이렇게 한번 전기자동차 생태계가 구축되면, 그것이 없던 시절로 되돌아가는 일은 불가능합니다.

강양구　네!(이 대목에서 이 글을 읽는 여러분도 꼭 검색해서 들어보세요!)

장동선　2011년에 나온 <전기자동차의 복수>에서는 감독의 시선이 훨씬 희망적입니다. EV1의 사례에서 보듯이 수난을 겪었던 전기자동차가 본격적으로 대세가 되는 분위기를 포착해서 전하고 있으니까요. 일론 머스크가 전기자동차 비전을 실현하기 위해 고군분투하지만 산 넘어 산인 상황을 보는 것도 재미있어요. 하지만 실제로 그 영화가 나오고 나서 10년이 지난 지금 전기자동차는 완전히 대세가 되었죠.

강양구　어떻습니까? 내연기관 자동차에서 전기자동차로의 전환은 되돌릴 수 없는 흐름이겠죠?

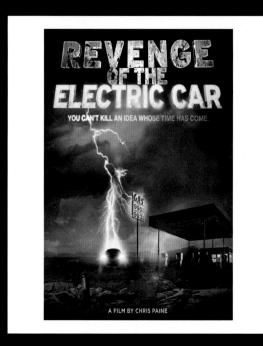

강양구　토머스 휴스 같은 역사학자는 특정한 과학기술 시스템이 '모멘텀 momentum'을 가지게 되어서 변경하기 어렵게 된다고 했죠. 방금 장 박사님께서 말씀하신 전기자동차 생태계가 공고화되면 어느 순간에 정말로 모멘텀을 갖게 될 수도 있겠군요. 특히 그 과정에서 국가-정부의 리더십이 중요하고요. 하지만 이 대목에서 몇 가지 따져봐야 할 지점도 있죠?

장동선 맞습니다. 배터리 전기자동차만 하더라도 쟁점이 많아요. 우선 가볍고 안전하고 효율 좋은 배터리 개발이 계속되어야죠. 최근 자동차 반도체 때문에 내연기관 자동차 생산도 애를 먹고 있잖아요? 전기자동차는 '도로의 컴퓨터'라고 할 수 있으니 맞춤한 반도체 공급도 원활해야죠. 많이 나아졌습니다만, 전기 충전 인프라도 일상생활 속으로 더 들어와야 하고요.

강양구 결정적인 문제도 있습니다. 전기자동차를 충전하는 전기를 어디서 얻을 것인가? 그 전기가 석탄화력발전소에서 나온다면, 그래서 이산화탄소 같은 온실 기체를 내뿜으면서 만든 전기로 굴러간다면 아무리 전기자동차 보급이 많아져도 기후 위기를 해결하는 데에는 전혀 도움이 되지 않겠죠.

장동선 맞아요. 전기자동차가 진정으로 환경에 도움이 되고 지구를 구하려면 충전하는 전기의 생산과정에서도 탄소 배출 없이 햇빛이나 바람 같은 재생 가능 에너지를 사용해야 합니다. 태양광, 풍력발전 같은 재생 가능 에너지 확대 없이 거리의 전기자동차만 많아지면 도심 대기오염을 막는 데에는 효과가 있겠지만 온실 기체 감축에는 도움이 안 되겠죠.

강양구 사실 함께 본 세 번째 다큐멘터리 <공룡들과의 전쟁>이 미래 에너지로서 긍정적으로 전망하는 수소연료전지가 기반이 되는 에너지 시스템도 마찬가지입니다. 여기서도 그 수소를 도대체 어디서 얻을 것인가, 하는 이 질문에 어떻게 답하는지에 따라 그 모습이 아주 달라질 테니까요. 우리나라에서는 현대자동차가 흔히 '수소자동차'라 부르는 수소연료전지 전기자동차를 일찌감치 개발하고 보급해왔죠. 그래서 수소자동차, 정확히 말하면 밖에서 주입한 수소로 전기를 만들어서 움직이는 자동차에 호감을 갖는 시민이 많아요. 환경 자동차라고. 하지만 속사정을 살펴보면 복잡합니다.

장동선 사실, 수소는 자연계에 홀로 존재하지 않아요. 물(H_2O)이든 메탄(CH_4)이든 어딘가에 결합해 있으니 그걸 분리해야죠. 지금 전 세계에서 소비하는 수소 대부분은 천연가스, 즉 메탄이나 철강 생산과정에서 쓰이는 탄화수소에서 뽑아내요. 만약 이런 수소를 원료로 수소연료전지에서 전기를 만들어낸다면 기후 위기를 막는 데 도움이 안 되죠.

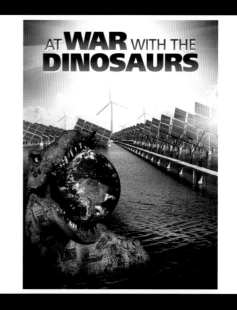

강양구 물에서 수소를 뽑아내도 마찬가지입니다. 물에서 수소를 분해하려면 전기가 필요해요. 만약, 그 전기가 석탄화력발전소에서 나온다면 그 수소는 사실은 탄소를 내뿜으면서 만든 것이죠. 그 전기가 핵발전소에서 나온다면 그 수소는 핵발전소를 이용해 만든 것이고요.

장동선 가장 이상적인 수소는 햇빛이나 바람 같은 재생 가능 에너지를 이용해서 만든 전기로 물에서 뽑아낸 것이죠. 이런 수소를 바로 '청정 수소' 혹은 '그린 수소'라고 부릅니다. 그리고 이 수소를 탱크에 넣은 다음, 수소 연료전지에서 전기를 생산해 달리는 자동차야말로 지구를 구하는 자동차죠.

강양구 이 대목에서 우리 두 사람의 다른 의견도 확인하는 게 좋겠네요. 사실 저는 전기자동차의 미래가 배터리 전기자동차라고 생각하거든요. 재생 가능 에너지→전기→배터리→자동차가 재생 가능 에너지→전기→물→수소→전기→자동차보다 단순하고요. 그래서 국내 자동차 기업에서 수소연료전지 전기자동차에 신경 쓰는 모습이 불안하기도 합니다.

장동선 사실 영화에서도 나오지만, 수소 기반 전기자동차가 대세가 되려면 여러 과학기술이 뒷받침되어야 해요. 청정에너지 기반 수소 생산 기술, 수소 저장 기술, 수소 운반 기술 그리고 곳곳에 수소 충전소를 설치해야 하지요. 지금의 가스관처럼 수소를 공급하기 위한 새로운 네트워크가 생겨나야 할 필요도 있을지 모릅니다.

그러려면 초기 비용이 많이 들죠. 정부의 적극적인 지원도 필요하고요. 하지만 일단 이러한 인프라가 구축되면 수소 기반 전기 에너지가 우리 삶에서 큰 역할을 하게 될 거라고 봅니다. 단순히 차량의 문제만이 아니라 더 많은 에너지를 공급할 수 있을지도 몰라요. 저는 수소연료전지 전기자동차의 미래도 긍정적으로 봅니다. 배터리 기반 전기자동차와 수소연료전지 기반 전기자동차는 각각 다른 영역에서 수요가 있을 거라고 봅니다. 특히 장거리 이동을 해야 하는 물류 분야에서 수소 기반 전기자동차의 수요가 커질 겁니다. 무엇보다 자율주행 기술과 합쳐지면 말이죠. 화물 트럭처럼 많은 물건을 싣고 장거리를 이동하는 자동차는 무거운 배터리를 탑재하기보다는 수소 탱크에 수소를 가득 채우고 움직이는 게 훨씬 효율적일 거라서요. 그래서 승용차는 배터리 전기자동차, 트럭은 수소연료전지 전기자동차, 이렇게 나뉠 거라고 봐요.

강양구 혹시 친정이라서 편드는 건 아닌가요?(웃음)

장동선 아닙니다!(웃음) 앞으로 전기자동차의 미래가 어떻게 될지는 두고 보죠. 우리 내기할까요?

강양구 내기합시다!(웃음) 오늘 이야기를 하다 보니, 어렸을 때 봤던 애니메이션이 한 편 떠오르네요. 저나 장 박사나 옛날 사람이니까 <꼬마 자동차 붕붕> 본 적 있죠?

장동선 "꽃향기를 맡으면 힘이 솟는" 자동차 '붕붕' 말이군요. 본 적 있죠!

강양구 지구를 뜨겁게 하는 탄소 온실 기체를 내놓지 않고 미세먼지 같은 오염물질도 없는 전기자동차는 그야말로 꽃향기를 맡으면 힘이 솟는 붕붕 같은 자동차가 아닐까요?

장동선 도로의 모든 자동차가 배터리 전기자동차나 수소연료전지 전기자동차여서 자동차가 지나갈 때마다 배기가스에 눈살을 찌푸릴 필요가 없는 세상을 꿈꿔봅니다. 오늘 즐거웠습니다.

THE END OF THE INTERNAL COMBUSTION ENGINE

2025~2040
내연기관차의 종말론

현재 지구에서 배출되는 탄소의 18%는 수송에서 나온다.

기존 교통 시스템을 총체적으로 혁신하는 각국의 정책과 법안 역시 이 18%를 줄이기 위해서다.

탄소 중립을 가장 빠르게 실현하는 방법은 직접적인 규제로 내연기관 자동차를 없애는 것이다.

NOW

EDITOR. Dami Yoo / ILLUSTRATOR. Minet Kim

Net zero strategies

탄소 중립은 전기차를 타고

2021년 8월 유럽연합은 2050년까지 탄소 중립을 달성하기 위해 내연기관차와 하이브리드차 모두 2035년 이후 판매를 금지할 것을 제안했다. 2030년까지 유럽연합의 온실가스 배출량을 1990년 대비 55% 줄이기 위한 정책 패키지 'Fit for 55'다. 화석연료에 의존하는 경제가 한계에 도달했고, 지구 평균기온 상승폭을 필사적으로 낮춰야 하는 가운데, 2050년까지 탄소 배출량과 흡수량을 제로로 만들기 위해 먼저 2030년까지 자동차업계 평균 이산화탄소 배출량을 1km당 43g 미만으로 제어하는 것이 유럽연합이 세운 첫 번째 목표다.

한편 2021년 11월 글래스고에서 열린 제26차 유엔기후변화협약 당사총회(COP26)는 유럽, 북미 등 주요 시장은 2035년까지, 그 밖의 시장에서는 2040년까지 내연기관차 판매를 중단할 것을 선언했다. 하지만 결과는 국가별, 자동차 회사별 찬반이 엇갈려 아쉬움을 남겼다. 2035년까지 내연기관차 생산을 중단하는 서약에 메르세데스-벤츠, 볼보, 재규어 랜드로버, 포드, GM, 비야디만 동참했고 토요타, 폭스바겐, 르노, 닛산, 현대·기아자동차와 주요 자동차 생산국인 미국·중국·독일·한국은 참여하지 않았기 때문이다. COP26이 개최되기 한 달 전 이탈리아 청소년기후정상회의에서 그레타 툰베리가 주요 국가 정상들은 기후 위기에 대해 "블라, 블라, 블라" 하고 말만 번지르르하게 내뱉는다며 비판했던 모습이 최근 다시 회자된 이유이기도 하다. 참고로 국제 환경 기구 그린피스는 2050년까지 탄소 중립을 달성하기 위해서는 내연기관차 판매 중단 시기를 2030년으로 잡아야 한다고 본다. 내연기관차의 수명을 약 15년으로 볼 때, 도로에서 매연을 내뿜는 자동차가 2040년까지 판매되어 도로를 달린다고 생각해보자. 2050년을 목표로 한 탄소 중립은 불가능하다는 시나리오가 아주 간단하게 완성된다.

지금 헤어지는 중입니다

노르웨이와 네덜란드는 일찌감치 2025년부터 내연기관차 판매 금지 법안에 합의하며 선진국다운 면모를 보여줬다. 내연기관차 판매를 빠르게 중단하기 위해 무려 1990년부터 전기차 전환을 유도하는 정책과 지원 마련에 적극적으로 힘써왔던 것. 전기차를 구매하는 사람들에게 차 가격의 25%에 달하는 부가가치세와 자동차 보유세를 면제해주고 버스전용차로 이용을 허가하는가 하면, 주차비를 할인해주는 혜택을 제공해 전기차 전환율을 빠르게 끌어올렸다. 그 결과 2021년 9월 기준으로 노르웨이의 도로에는 77.5%의 차량이 탄소 배출 없이 달리고 있다.

-25% VAT

NORWAY
NETHERLANDS

내연기관차의 종말론

영국은 내연기관차 판매 금지 시기를 2040년으로 계획했다가 2021년 11월 녹색 산업혁명 10대 중점 계획을 통해 5년 앞당길 것을 선언했다. 내연기관차 등록 대수가 현저히 낮아지고, 전기차 등록 비율이 빠른 속도로 높아지는 추세를 반영한 것이다. 국제에너지기구가 발표한 세계 전기차 시장 현황 보고서에 따르면, 올해 영국의 신규 전기차 등록 대수는 전년 대비 2배 이상 증가해 17만6000대를 기록했다. 이러한 수요 확대는 전기차 충전소 산업을 활성화시키는 효과를 가져왔다. 가로등에 충전 시설을 설치하는 방식으로 영국의 시장점유율 13%에 해당하는 충전 네트워크를 구축한 유브리시티를 글로벌 석유 기업 로열더치셸이 인수하겠다고 선언한 것이 대표적 사례다. 이렇게 전기차 충전 인프라를 개발하는 기업이 높은 성장률을 기록함에 따라 전기차 수요를 견인하는 역할도 톡톡히 하고 있다.

프랑스는 2015년부터 노후 내연기관차를 퇴출하기 시작했다. 우선 차량 출고 연도와 유럽 배기가스 배출 기준을 적용해 5개 등급으로 나누고, 이 등급이 표시된 스티커를 차량 앞유리에 부착하도록 했다. 이 등급에 따라 순차적으로 운행을 중지하는 것이다. 도시마다 적용 시기는 조금씩 다르지만 파리의 경우 이미 2021년 6월 1일부터 15년 이상 된 디젤차와 이륜차, 2010년 이전에 생산된 트럭은 도시 내 운행을 금지했다. 이는 파리에 등록된 자동차의 20%에 해당하는 규모로 2024년 열릴 하계올림픽 이전까지 디젤차를 퇴출시키기 위한 노력으로 볼 수 있다. 그리고 2030년에는 가솔린차 운행을 중지해 내연기관차를 모두 없앨 계획이다.

ENGLAND FRANCE

EV +176,000CARS

CLEAN CAR 2030

미국 바이든 행정부는 2030년까지 판매되는 차량의 절반을 친환경차로 채운다는 행정명령에 서명했다. 내연기관차 퇴출 계획을 명확하게 밝힌 것은 아니지만, 각 주마다 내연기관차 판매를 줄이고 전기차 판매 비율을 높이는 제도를 마련해나가고 있다. 예컨대 캘리포니아주는 오래전부터 대기환경청에서 무공해 차량 의무 판매 제도를 운영하며 전기차 보급량을 적극 늘려왔고, 2035년부터는 캘리포니아주에서 모든 내연기관차 판매를 금지하기로 했다. 2035년 이후 판매되는 승용차와 트럭 모두 무공해 배출을 의무화하는 방안이다. 워싱턴주는 캘리포니아주보다 5년 빠른 목표를 향해 달리고 있다. 민주당이 발의한, 2030년까지 내연기관차 판매를 금지하고 전기차만 판매할 수 있도록 한 '클린 카 2030' 법안이 통과됐기 때문이다. 이런 급진적 변화에 시동을 걸 수 있었던 이유는 워싱턴주의 전기 요금이 50개 주 중 두 번째로 낮고, 전기차 전환이 용이한 에너지 비용 지출 구조를 갖고 있기 때문인 것으로 알려졌는데, 미국 내에서 행정명령이 아닌 법안을 통해 내연기관차 판매를 종식시키는 최초의 시도로 의미가 깊다.

U.S.A

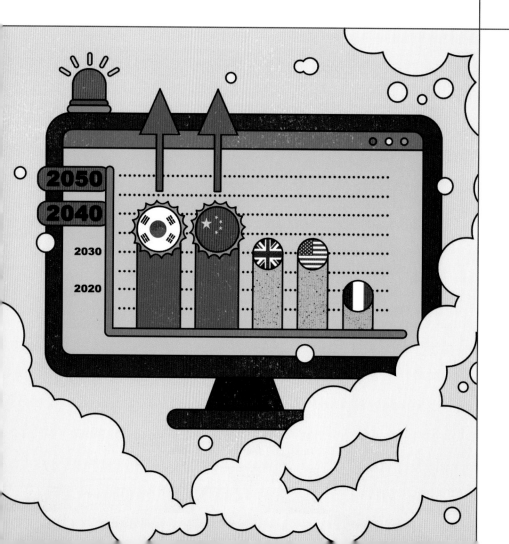

CHINA

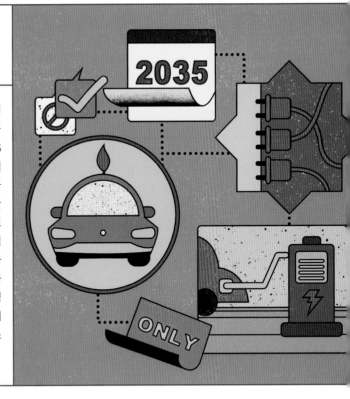

중국은 2021년 8월, 2035년을 기점으로 내연기관차 생산을 중단하겠다는 로드맵을 발표했다. 하이브리드차와 전기차 생산을 각각 2025년 20%, 2030년 40%, 2035년 50%씩 늘리고 수소연료전지차 보급도 적극 확대해 2025년 10만 대, 2035년 100만 대 수준으로 올리겠다는 계획이다. 세계에서 가장 많은 자동차를 생산하고 탄소 배출량 또한 가장 많은 국가가 내놓은 목표는 얼핏 보면 고무적으로 느껴진다. 그러나 이 로드맵은 탄소 중립을 달성하기엔 무리가 있다. 하이브리드차 생산을 확대하겠다는 계획은 결국 내연기관차를 계속 만들겠다는 것과 같은 의미이기 때문이다. 하이브리드차에 대한 친환경성 기준은 국가마다 다르지만, 엄격하게 따져보면 하이브리드차를 친환경차 범주에 넣고 생산을 지속하는 것은 탄소 중립 시기를 늦출 뿐이다.

KOREA

한국의 경우 2020년 국가기후환경회의에서 2035~2040년에 내연기관차 판매 중지를 제안했지만, 최근 통과된 친환경자동차법을 살펴보면 내연기관차에 대한 규제는 없고 전기차 충전 인프라에 대한 변화가 쟁점을 이루고 있다. 대신 2030년까지 적용될 자동차 온실가스 기준을 발표했는데, 국내에서 판매하는 자동차는 2025년에 1km당 89g, 2030년에 70g의 기준을 준수해야 한다. 이 기준은 2030년까지 자동차업계 평균 이산화탄소 배출량을 1km당 43g 미만으로 제어하려는 시도다. 그러나 이는 유럽 기준으로 보면 2배에 달하는 수치다. 한편 전기차 전환율을 높이기 위한 모색은 시·도별로 이뤄지고 있는 실정이다. 2020년 서울시가 발표한 계획에서는 2035년부터 기존의 내연기관차를 제외한 전기차나 수소전기차만 등록을 허용하고, 사대문 안의 녹색 교통 지역에서는 친환경 자동차만 운행할 것을 선언했다. 또 2021년 초 서울시가 발표한 전기차 보급 및 충전 인프라 확충 계획안에 따르면, 사업 예산 1460억3400만 원을 들여 한 해 동안 전기차 보급 누적 대수를 4만2808대까지 달성하고 충전기 1720기를 설치하기로 했다. 그리고 탄소 배출량을 효과적으로 개선하기 위해 택시 5231와 버스 111대를 전기차로, 노후 경유 화물차 2105대를 전기 화물차로 전환하기로 했다. 코로나19 이후 급격히 늘어난 이륜차 역시 4000대 이상 전기 모빌리티로 전환하는 내용도 포함되어 있다. 그 밖에 전기 승용차 보급 대수는 5231대를 목표로 잡았다. 2022년 국가 환경 분야 예산은 전년보다 12.4% 증가한 1조3000억 원에 달한다. 그중 5조 원은 2050 탄소 중립을 위한 투자에 쓰일 예정이다. 수송 부문에서는 2025년까지 133만 대의 무공해차를 보급하는 목표 아래 올해는 수소차 2만8000대, 전기차 20만7000대를 확충하고, 무공해차 충전 기반 시설도 대폭 늘려 주유소만큼 편리한 충전 환경을 조성할 계획이다. 이처럼 전기차 보급과 인프라를 확대하는 것은 분명 고무적인 일이지만 도로에 자동차 대수를 늘리고, 주행거리만 늘어나는 결과를 초래하지 않도록 유의해야 한다.

쑥쑥 성장하는 전기차 시장, 누적 보급률은 얼마나?

그렇다면 전기차는 지금 얼마만큼의 비중을 차지하고 있을까? 국제에너지기구는 2020년 발표한 세계 전기차 시장 현황 보고서에서 전 세계 신규 전기차 등록 대수를 300만 대로 집계했다. 그중 중국이 150만 대로 가장 많고 미국 29만5000대, 프랑스 18만5000대, 영국 17만6000대, 한국 9만1000대, 일본 2만9000대를 기록했다. 이는 2019년 대비 41% 증가한 것으로 전 세계 전기차 누적 등록 대수는 2020년 기준 1000만 대를 넘어선다. 중국은 2020년 기준 전기차 누적 보급 대수 450만 대로 세계에서 가장 많은 전기차가 도로를 달린다. 한편 유럽에는 지금까지 320만 대의 전기차가 보급됐다. 팬데믹으로 인해 자동차 시장이 2019년 대비 22% 줄어들었는데, 신규 전기차 등록 대수는 2배 이상 증가한 140만 대에 이르렀다. 이는 유럽 내 자동차 전체 판매량의 10%를 차지한다. 미국 또한 2020년 자동차 시장이 22% 감소했다. 신규 전기차 등록 대수 역시 줄어들어 29만5000대의 신규 전기차가 등록됐다. 이는 GM과 테슬라 같은 주요 전기차 제조업체에 지급했던 미국 연방 세금 공제 프로그램의 인센티브가 고갈되었기 때문인 것으로 해석된다. 한국 국토교통부 발표에 따르면, 2019년 말 국내 자동차 등록 대수는 2368만 대로 이후 1년 동안 69만 대가 증가했는데, 그중 전기차는 9만 대에서 18만1000대로 1년 만에 2배 이상 늘어났다. 하지만 이와 같은 전기차 시장의 비약적 성장이 곧 탄소 중립의 희망적 미래를 말하는 것은 아니다. 전기차 생산부터 유통, 충전, 폐기까지 전 과정에 지속 가능한 공정을 적용하고 친환경적 도로 인프라를 마련하는 등 탄소 배출을 줄이는 근본적 개선이야말로 중요한 숙제다.

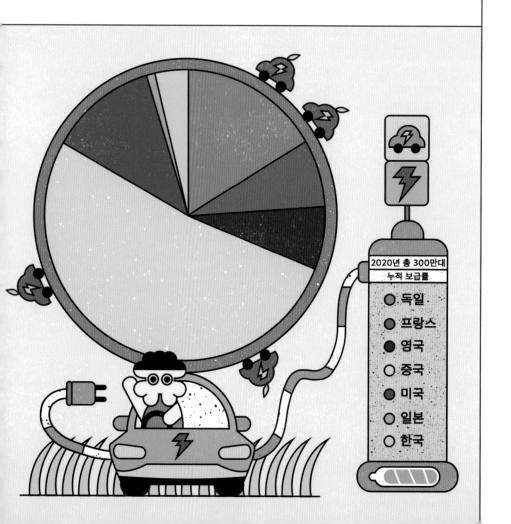

2020 - 3,000,000CARS

2020년 총 300만대
누적 보급률

○ 독일
● 프랑스
● 영국
○ 중국
● 미국
○ 일본
○ 한국

ARE YOU SURE YOU'LL SWITCH TO AN ELECTRIC VEHICLE?

YE   NO

WHAT WILL HAPPEN TO ALL THE DEAD BATTERIES?

전기차는 죽어서 배터리를 남긴다

전기차 이후에도 배터리의 삶은 계속된다. 골칫덩이로 남을 수도, 부활할 수도 있다.
전기차가 진정한 친환경이 되려면 배터리는 어떤 여생을 살아야 할까?
정부가 전기차 보조금을 지급하기 시작한 게 2011년, 전기차 보급을 시작한 게 2012년이다.
10년 차인 2022년 본격적으로 폐배터리가 쏟아져 나온다.

NOW

EDITOR. Seohyung Jo / ILLUSTRATOR. Nammyung Kim

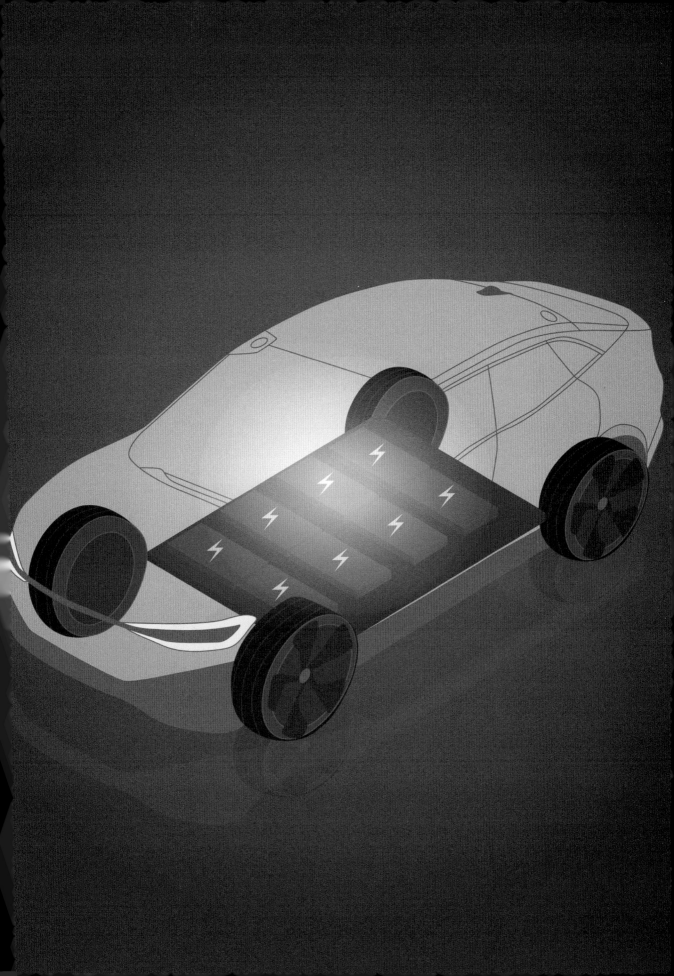

BATTERY RECYCLING

전기차가 남긴 배터리에 관하여

배터리를 처음 발명한 것은 1800년 이탈리아에서다. 이후 반세기가 지난 1859년, 프랑스 물리학자가 납축전지를 발명했고, 이는 지금도 내연기관차에 쓰이고 있다. 반면 전기차에 가장 많이 사용하는 것은 1991년 출시한 리튬이온 배터리로, 이 배터리 발전에 기여한 세 명의 과학자는 2019년 노벨 화학상을 수상하기도 했다.

그렇다면 배터리는 어떻게 만들어질까? 석유, 석탄과 마찬가지로 배터리는 근본적으로 채굴 산업이다. 우선 리튬이온 배터리를 만들기 위해서는 몇 가지 희귀 광물이 필요하다. 리튬, 니켈, 망간, 코발트 등이다. 리튬은 가벼우면서도 많은 에너지를 저장할 수 있어 친환경 모빌리티의 상징인 전기차 배터리의 주원료로 사용된다. 하지만 리튬을 채굴하는 과정에서 사용하는 대량의 물이 지하수를 오염시키고, 추출을 위해 쓴 황산은 폐기물로 버려진다. 리튬 매장량이 풍부한 세르비아는 이미 환경오염으로 인한 사망자가 10만 명당 175명으로 인도보다 높은 수치를 기록하고 있다. 리튬 광산을 위한 투자는 2018년부터 2020년까지 3년간 5억 달러가 전부였다. 하지만 2021년 1분기에만 35억 달러의 투자금이 모여 지금 현재 리튬 채굴을 위해 글로벌 회사들이 얼마나 안간힘을 쓰는지 알 수 있다.

배터리의 안정성과 저장 용량을 높여주는 푸른 금속, 코발트도 마찬가지다. 채굴 과정에서 중금속을 포함한 폐수가 정화 과정 없이 배출된다. 세계 코발트 공급량의 70%를 차지하는 콩고민주공화국의 광산 인근 지역은 환경오염으로 인한 기형아 출산이 심각하다. 이렇듯 리튬이나 코발트 자체는 친환경 에너지를 위한 광물이지만, 채굴에는 상당한 오염이 따른다. 전기차가 기후 위기 대안으로 나서려면 전통 채굴 방식을 대체해 환경을 덜 파괴하는 방법을 찾아야 할 것이다.

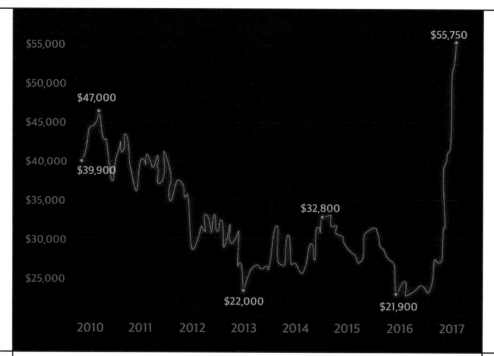

코발트 가격 추이
Inflation US, Cobalt gains for
24th straight week 2017

전기차는 죽어서 배터리를 남긴다

리튬 광산을 위한 투자금
<New York Times>,
The Lithium Gold
Rush: Inside the Race
to Power Electric
Vehicles, 2021. 5

우리나라에도 배터리 회사가 있어?

주요 배터리 기업으로는 LG화학, SK이노베이션, 삼성SDI가 있으며, 이들이 글로벌 배터리 시장을 선점하고 있다. LG화학은 전기차 배터리 세계시장에서 중국의 CATL, 일본의 파나소닉과 3강 구도를 형성하고 있으며, SK이노베이션과 삼성SDI도 10대 기업 안에 진입했다. 자동차 강국인 유럽과 미국에는 이에 견줄 만한 배터리 기업이 아직 없다는 점에서 전문가들은 조만간 국내 배터리 3사가 모두 글로벌 톱 5 안에 진입할 것으로 예상한다. 전기차 배터리 시장 규모는 연평균 25%씩 성장해 왔다. 2025년이면 시장 규모가 약 176조 원에 달해 164조 원으로 예측되는 반도체 시장보다 더 커질 것으로 보인다. 한국 최대 수출 품목이 반도체에서 전기차 배터리로 바뀔 수도 있다.

LG화학은 테슬라를 제외한 웬만한 전기차 제조사에 배터리를 납품하고 있다. 여기에 2020년부터는 중국 3공장에서 생산하는 테슬라의 '모델 Y' 배터리를 전량 공급하기로 해 큰 이슈가 되었다. 2021년 한 해에만 30만 대 넘는 차량에 배터리를 공급했고, 수주액으로는 3조 원 이상이다. 한편 삼성SDI는 BMW에, SK이노베이션은 폭스바겐에 집중적으로 배터리를 공급하고 있다.

배터리, 그냥 버리면 왜 안 돼?

1회 충전 시 주행 가능 거리가 평균 400km라고 했을 때, 리튬이온 배터리는 500회 충전 이후 성능이 급격히 떨어진다. 20만km 주행 후 70% 이하로 성능이 떨어진 배터리는 전기차 구동용으로 사용할 수 없어 교체 또는 폐기해야 한다. 이를 '사용 후 배터리'라고 한다.

전기차 시장이 성장할수록 전기차에서 배출되는 배터리 수가 늘어나기 때문에 처리 방법은 고민일 수밖에 없다. 아직까지 전국의 사용 후 배터리는 500개 남짓이지만, 곧 크게 불어날 것이다. 환경부는 2018년에 58개, 2019년에 160개, 2020년에 275개의 사용 후 배터리가 발생한 데 이어 2024년에 1만3826개, 2026년에는 4만2092개의 사용 후 배터리가 쏟아질 거라 예상한다. 누적 계산하면 10만 개에 육박한다. 이 많은 배터리를 그냥 버릴 수는 없다. 배터리 소재인 리튬 및 산화코발트·망간·니켈은 독성이 있어 환경오염을 일으키고, 배터리의 양극과 음극 분리막이 손상되면 격한 반응을 일으켜 폭발하기 때문이다.

국내 전기차 사용 후
배터리 배출 추정치
단위:개, 환경부, 2021

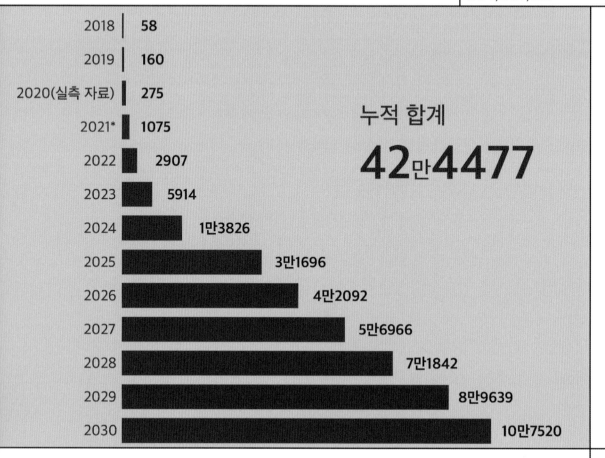

연도	배출 추정치
2018	58
2019	160
2020(실측 자료)	275
2021*	1075
2022	2907
2023	5914
2024	1만3826
2025	3만1696
2026	4만2092
2027	5만6966
2028	7만1842
2029	8만9639
2030	10만7520

누적 합계
42만4477

전기차는 죽어서 배터리를 남긴다

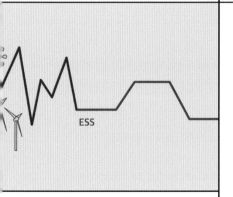

ENERGY STORAGE SYSTEM

쓸 수도 없고 버릴 수도 없다면 어떻게 해?

전기차 배터리는 성능 기준이 높다. 전기차용으로 쓰임을 다한 이후에도 충분히 재사용 및 재활용이 가능하다. 미국 국립재생에너지연구소는 초기 용량의 70~80% 수준인 사용 후 배터리를 다른 곳에 활용하면 때에 따라 최대 10년을 사용할 수 있다고 추정한다. 사용 후 배터리 시장 규모는 커질 수밖에 없다. 시장조사업체 '프로스트 앤드 설리번'에 따르면 전 세계 사용 후 배터리 시장 규모는 2018년 6100만 달러에서 2025년 78억 달러까지 성장할 것으로 보인다. 전기차에서 회수한 배터리는 충전 효율과 수명 분석을 거쳐 잔존 가치를 산정한 다음, 한 번 더 사용하는 재사용 분야와 새 배터리의 원료로 다시 쓰는 재활용 분야로 분류한다.

재사용은 이렇게

재사용할 수 있는 배터리는 주로 에너지 저장 장치(Energy Storage System, ESS)로 활용한다. ESS는 빛이 좋고 바람 센 날에 만들어둔 재생에너지를 저장했다가 사용할 수 있는 시스템이다. 재생에너지 발전소와 ESS의 조합은 폐품을 줄이고, 선순환 구조를 도우며, 대규모 발전소와 송전선로의 추가 건설을 줄이는 데 큰 역할을 한다. 게다가 전기차 배터리와 ESS는 기계적 구조가 거의 일치하기 때문에 재사용으로 개조하기 쉬운 편이다.

현대자동차그룹은 전기차 제작 단계부터 재사용을 고려한 배터리 모듈, 팩, 시스템 등을 설계하는 등 배터리의 성능과 수명을 예측하는 기술을 개발하고 있다. 또한 재사용 배터리 ESS와 태양광발전소를 연계한 실증 사업을 추진하고 있는데, 울산공장 태양광발전소에서 만든 전력을 ESS에 저장한 뒤 외부 전력망에 공급하는 방식이다. 이 새로운 사업에서 현대와 기아의 전기차는 같은 크기의 배터리를 쓰기 때문에 활용이 수월하다.

LG에너지솔루션은 충북 오창공장에서 10만km 넘게 주행한 전기 택시에서 떼어낸 배터리를 ESS로 재가공하고 있다.

SK온은 폐배터리를 수거해 경기도 안양의 아파트 단지 건설 현장에 ESS를 구축할 계획이다.

ESS로 재사용이 어려울 만큼 성능이 떨어진 배터리도 활용 가치는 있다. 전기 자전거, 골프장 카트, 전동 스쿠터, 농업용 초소형 전기차의 배터리로 쓰이거나 캠핑용 충전기, 양식장 자동 전력 공급 장치 등 소형 기기에 다시 사용할 수 있다.

BATTERY RECYCLING

재활용은 이렇게

재사용이 어려울 만큼 성능이 떨어진 배터리는 재활용한다. 대표적 방법으로는 배터리를 완전히 분해해 리튬, 코발트, 니켈, 망간 등의 희소금속을 추출하는 물질 회수법이 있다. 이는 고도의 기술과 섬세한 공정을 요하기 때문에 폐기에도 상당한 비용이 수반된다.

SK이노베이션은 배터리의 핵심 소재에서 수산화리튬 회수 기술을 자체적으로 개발했다.

LG에너지솔루션과 GM의 합작 배터리 셀 회사 '얼티엄 셀 Ultium Cells'은 미국 최대 배터리 재활용업체이자 저온에서 배터리를 분해하는 고유의 솔루션을 가진 '리사이클 Li-Cycle'과 장기 계약을 맺었다. 배터리를 태우거나 열을 가해 분리하는 기존 방식에선 폐수가 발생해 수질오염을 일으키고, 배터리 재료 회수율도 낮기 때문에 이 새로운 기술에 거는 기대가 크다.

폐배터리에는 저장 용량이 남아 있으므로, 분해해 금속만 추출하는 재활용 방법은 자원 절약과 환경보호라는 측면에서 이상적이라고 할 수 없다. 그러므로 충분한 재사용 후 배터리가 전기 저장 기능을 더는 할 수 없을 때 재활용하는 것이 좋다.

전기차는 죽어서 배터리를 남긴다

그래서 얼마나 다시 쓰이고 있대?

우리나라는 현재 폐배터리를 거의 재활용, 재사용하지 못하고 있다. 폐배터리 거래는 2022년부터 가능하다. 전기차 구매 보조금을 정부에서 지원하며 거래를 막아두었기 때문이다. 그동안은 전기차를 폐차하면 배터리를 지방자치단체에 반납하고, 지자체 역시 민간에 배터리를 함부로 매각할 수 없다. 그럼에도 정부는 관련 규정을 마련하지 못하고 있다. 갈 곳 없는 폐배터리는 모두 제주테크노파크의 전기차배터리산업화센터에 쌓여 있다. 폐배터리 활용 제품은 전기생활용품안전법상 인증이 필요한데, 도내엔 시험 장비를 갖춘 인증 기관이 없어 이러지도 저러지도 못한다. 그렇게 지금도 매주 평균 5개의 사용 후 배터리가 창고로 들어오고 있다.

대체 뭐가 문제야?

제도적 정비와 기술적 난점이 모두 남아 있다. 전기차 배터리의 친환경성이 증대되고, 그 덕에 재생에너지 간헐성(변동성) 문제가 해결되고, 에너지를 안정적으로 공급할 수 있으려면 법 제도의 개선과 기업의 노력이 모두 필요하다. 향후에는 순수 전기차 외에 하이브리드차나 수소전기차 사용 후 배터리까지도 관리 대상에 포함해야 한다.

---

1 정부, 배터리 챙겨

전기차가 미래 모빌리티로 주목받는 동안 배터리는 관심의 사각지대에 있었다. 정책은 온통 전기차 보급에 치우쳐 있었고, 아직 폐배터리 수가 그리 많지 않다는 이유로 평가 방법이나 안전기준 등 관련 법규를 준비하지 못했다. 무엇보다 먼저 폐배터리를 재사용할 건지, 재활용할 건지 결정할 명확한 성능 평가 기준을 마련해야 한다. 또렷한 기준을 마련하지 않은 지금 상태에서 기업이 폐배터리 시장 진입을 망설이는 것은 당연하다.

2 복잡한 작업을 빠르게 소화할 기술을 찾아서

앞에서 배터리를 재사용할지 재활용할지 결정하려면 잔존 성능을 먼저 측정해야 한다고 했다. 지금 기술로는 배터리 하나의 잔존 성능을 측정하는 데 무려 10시간이 걸린다. 폐배터리 거래 시장이 상업적으로 성공하려면 이 시간을 20분 내로 무려 30배나 단축해야 한다. 전기차 배터리의 최소 단위는 셀이고, 이 셀 몇 개를 합친 걸 모듈, 모듈에 냉각·제어·보호 및 배터리 관리 시스템(Battery Management System, BMS)을 장착한 것을 팩이라고 부른다. 팩에서 모듈로, 모듈에서 셀로 분리하는 과정만 해도 긴 시간이 소요된다. 전기차는 제조사와 차종에 따라 이 모든 단위가 제각각이며, 성능 평가 전의 폐배터리 회수·운반·보관·해체까지의 작업에도 숙련된 기술의 뒷받침이 중요하다.

3 기업이 좀 신경쓰면 좋을 텐데

자동차 회사가 각자 OTA(Over The Air, 무선통신 소프트웨어 기술)로 자사 전기차의 배터리 데이터를 가지고 있다면 사용 후 배터리 파악이 한결 쉬울 수 있다. 이걸 실시간으로 정밀하게 알아차리기 위해 배터리 셀 단위의 모니터링과 제어가 필요하다. 자동차 회사가 배터리 셀을 직접 만든다면 전기차 제조 원가를 낮추는 것은 물론 배터리 확보, 상태 분석을 위한 운행 정보 수급 등 폐배터리 사업에도 효과적일 것이다.

Well-to-Wheel
Now

NOW

EDITOR. Dami Yoo

탄소 중립 자동차가
탄생하는 곳

전기차로 전환하는 것만으로는 부족하다. 공장이 돌아가는 원리,
전기차를 생산하는 과정, 자동차 부품의 기술 하나하나에도
탄소 배출량을 줄이는 방안을 모색해야 하는 시점이다.
2050년 탄소 배출 제로를 달성하기 위해서다.

66

전기차 전환의 필연성과
탄소 중립이라는 숙명을
볼 수 있는 거대한
움직임이라고나 할까?

99

주행 과정에서 배출되는 물질에 대해서만 적용해온 수송 분야의 환경 규제가 곧 자동차와 부품 생산·조립 과정도 평가 대상으로 삼을 예정이다. 즉 웰투휠, 자동차 제조 과정과 에너지 사용, 배터리 생산과 폐기, 재활용까지 자동차의 모든 생애 주기를 아울러 평가하겠다는 전략이다. 실제로 유럽연합(EU)은 2023년까지 수송 산업의 이산화탄소 배출에 대해 EU 공통의 전 과정 평가 방법과 법제화 등 후속 정책을 논의하고 있다. 그리고 2050년 탄소 배출 제로를 달성하기 위해 논의 중인 EU의 'Fit for 55' 조약은 이러한 전 과정 평가의 필요성에 무게를 싣는다. 이 조약에서 자동차 산업계가 가장 관심을 쏟는 부분은 바로 탄소 배출권 거래 시스템과 에너지 분야 조세 규정이다. 철강·알루미늄·시멘트·전력·비료 등 5개 품목의 수입품에서 자국 제품보다 탄소 배출이 많을 경우 탄소 배출 비용을 부과하겠다는 내용인데, 전 세계 자동차 산업과 유통 시장에 커다란 영향을 줄 것으로 예상한다. 이는 역내 기업들이 탄소 중립 과정에서 수입품에 비해 가격 경쟁력이 떨어질 것을 감안한 신관세 제도이자, 에너지 감축 노력에 전 세계의 형평성을 맞추는 시스템이며, 그동안 기업들이 탄소세 감축을 위해 해외에 공장을 설립하는 행위를 차단할 수 있다는 점에서 의미가 있다. 따라서 이 조항들을 글로벌 무역 시장에 적용할 경우 전 세계 자동차 브랜드는 내연기관차 생산을 멈추고 전기차 전환을 이루겠다는 움직임만으로는 부족하다. 친환경 생산 시스템을 보유하지 않은 기업의 경우 국제적 무역 장벽을 마주한 것이나 다름없기 때문이다. 그렇다. 이제는 공장이 돌아가는 원리, 전기차를 생산하는 과정, 자동차 부품의 기술 하나하나에도 탄소 배출량을 줄이는 방안을 모색해야 하는 시점이다. 이미 몇몇 주요 기업은 친환경 생산 흐름을 주도하기 위해 공장을 개혁하고 탄소 배출을 저감하는 카본 테크 기술을 아주 적극적으로 연구·개발하고 있다. 재생 가능 에너지를 발전할 수 있는 지역에 공장 부지를 마련하고, 자체 생산 에너지로 공장을 가동함으로써 탄소 배출을 줄이는 스마트 공장이다. 이렇게 전 세계 거대한 공장들은 기후 전환이라는 구령에 맞춰 변모하기 시작했다. 마치 전기차 전환의 필연성과 탄소 중립이라는 숙명을 볼 수 있는 거대한 움직임이라고나 할까? 지금까지 구축한 친환경 생산 시스템은 전체 자동차 시장점유율에 비해 의미 있는 규모로 보기에는 어렵지만 친환경 모빌리티 시대의 초상이 될 것은 분명하다. 즉 기후 위기 시대를 구분 짓는 산업의 기틀이면서도 탄소 배출을 제어하는 투쟁의 현장인 것이다.

폭스바겐 츠비카우 공장, 독일

무려 1904년에 지어 100년 넘게 내연기관 자동차의 역사를 만들어온 폭스바겐 츠비카우 Zwickau 공장은 2019년 7월 내연기관 자동차 생산을 멈추고 전기차 ID.3를 생산하는 기지로 탈바꿈했다. 여기에서는 자체 열병합발전소와 태양광발전 시스템을 마련해 그린 전기로 자동차를 만든다는 점에서도 주목할 만하다. 이는 고투제로 goTOzero라 불리는 폭스바겐 그룹의 탄소 중립 정책을 구체화한 것. 한편 생산 라인 변화에도 불구하고 직원 재교육과 인력 전환 배치를 통해 고용을 유지했다는 점도 눈에 띈다. 전기차 전환에 대한 우려와 걸림돌이 내연기관차 산업 종사자의 노동 문제와 결부되어 있는 만큼 이러한 인간 중심적 솔루션은 반드시 함께 이루어져야 한다.

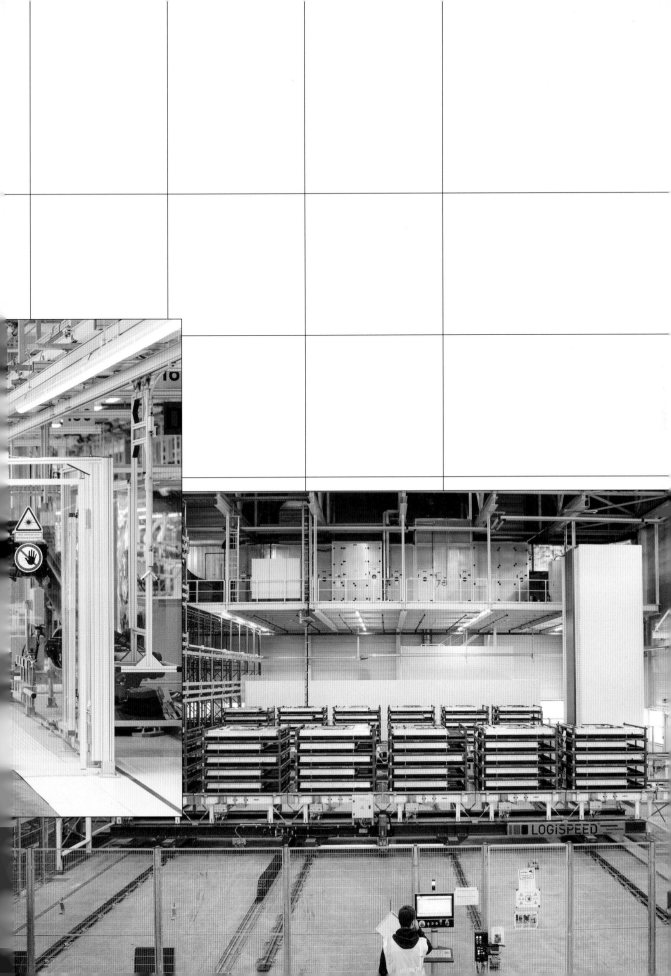

아우디 브뤼셀 공장, 벨기에

1948년에 문을 연 유서 깊은 산업 시설이다. 2018년 아우디의 첫 번째 전기차 e-트론을 생산하기 위해 대대적인 개조를 마치고 새롭게 가동했다. 3만7000m²에 이르는 공장 지붕에는 태양광 패널을 설치해 1년에 3000MWh의 전기를 생산함으로써 1만7000톤에 이르는 이산화탄소 발생을 줄이는 등 에너지 전환 차원에서 큰 의미를 더했다. 모든 생산 공정에 사용하는 에너지의 95%는 신재생에너지가 담당하며, 나머지 5%는 탄소 배출권 거래제를 활용한다. 이로써 벨기에 친환경 인증 기관인 뱅코트 Vincotte로부터 이산화탄소 중립 시설로 인증받아 프리미엄 브랜드 중 유일한 기록을 보유한 공장이 됐다.

아우디 기요르 공장, 헝가리

헝가리 기요르 Gyor에 위치한 아우디 공장은 유럽 내 최대 규모의 옥상 태양광 시스템으로 유명하다. 무려 축구장 22개 크기인 16만㎡에 이르는 규모로 연간 9.5GWh의 에너지를 생산해 4900톤의 탄소를 줄인다. 또한 2012년부터 필요한 열의 대부분을 지열발전을 통해 충당하고 있다. 실제로 전체 수요의 약 70%를 충족한다고. 나머지 에너지는 천연가스를 통해 공급하며, 바이오가스 인증을 통해 탄소 중립을 실천하고 있다.

메르세데스-벤츠 팩토리56, 독일

진델핑겐 Sindelfingen은 독일 자동차 산업의 중심지다. 1915년 메르세데스-벤츠 공장이 들어섰고, 다임러의 본거지이기도 하다. 그중 더 뉴 S 클래스와 럭셔리 전기차 세단 EQS 등을 생산하고 있는 팩토리56는 처음부터 탄소 중립 시설로 계획해서 지은 친환경 생산 공장이므로 눈여겨볼 만하다. 우선 건물 전력 소비의 30%를 태양광 전력으로 직접 공급한다. 이는 메르세데스-벤츠 내에서 처음 시도한 시스템으로, 그 기술력을 인정받아 기업 내 다른 공장에도 적용하고 있다. 또한 자체 고효율 열병합발전소는 실내 온도와 환기 시스템을 제어하고 주파수 변환기, 고효율 모터와 열 회수 시스템, 인공지능 환기 시스템 또한 에너지 절약으로 이어진다. 팩토리56의 지붕 면적 40%에 식물을 기른다는 점도 특별하다. 식물은 공장 내부 기온에 효과적으로 영향을 미치고 빗물과 오염된 물을 분리하며 저장하는 역할도 한다. 보관한 빗물은 예비 용수로 사용할 수 있고, 필요에 따라 인근 강으로 방출해 수위를 조절할 수도 있다. 내부 설비에는 다양한 파워 트레인과 차체를 결합할 수 있는 '풀 플렉스 결합 세팅 시스템'을 구축했다. 이는 S 클래스와 S 클래스 하이브리드, EQS 등 내연기관차와 전기차를 하나의 라인에서 유연하게 생산할 수 있는 시스템이다. 곧 시행할 전기차 전환을 염두에 둔 솔루션인 셈이다.

어라이벌 마이크로팩토리, 영국

영국의 전기차 스타트업 어라이벌의 혁신은 공장에서부터 출발한다. 마이크로팩토리라 부르는 이곳은 공장보다는 아틀리에 같은 모습을 띠고 있다. 다양한 실험과 시도를 하며, 변화에는 기민하고 문제에는 유연하게 대처하는 스타트업 기질이 반영되어 있다고 보면 된다. 이곳에는 거대한 생산 라인이나 용접 로봇, 도색장 등 자동차 공장의 필수 요소로 떠오르는 공간이 없다. 철강보다는 첨단 복합재와 폴리프로필렌 혼합물, 유리섬유 등 신소재를 주로 사용하기 때문에 프레스나 용접 로봇 같은 대형 설비가 필요 없고, 소재 자체에 컬러를 입혀 제작하기에 도색장도 필요 없다. 공간은 컨베이어 벨트가 돌아가는 '포드식' 생산 라인이 아니라 '셀'을 기반으로 한다. 한 대의 차량을 최소한의 로봇이 만듦으로써 공장 설립 및 운영 비용 역시 획기적으로 줄일 수 있다. 마이크로팩토리의 공장 건설 비용은 5000만 달러 이하, 연간 생산 대수는 1만 대다. 이처럼 소규모 자동화 생산 공정은 최적화한 시스템으로 불필요한 에너지와 자원 낭비를 막고, 잉여 생산량을 줄일 수 있다는 점에서 친환경적이다.

THE WORLD IS NOW

1.5°C 사수를 위해,
세계는 지금

이렇게 분주히 움직입니다. 자, 당신은요?

EDITOR. Dami Yoo, Seohyung Jo

VOLVO

오케이 구글, 저탄소 경로로 안내해

가장 빠르고 효율적인 길을 소개하는 구글맵이 탄소 배출량 적은 경로를 안내할 수 있게 되었다. 구글의 AI가 감지한 교통 상황과 도로 경사를 바탕으로 연료 소비를 최소화할 수 있는 경로 안내를 추가로 제공하는 식이다. 예를 들면 애플리케이션이 '2분이 더 걸리는 대신 연료 사용은 10% 절약할 수 있다'고 알리는 것. 이때 비슷한 선택지가 여럿 있을 경우에는 자동으로 탄소 배출이 가장 낮은 길을 알려준다. 구글은 이 기능으로 연간 이산화탄소 100만 톤 이상을 절약할 수 있을 것으로 기대하는데, 이는 곧 도로 위 자동차 20만 대 이상을 없애는 효과와 맞먹는다. 구글맵의 저탄소 경로 서비스는 2021년 10월 미국에서 출시했으며, 2022년부터 유럽을 시작으로 190개 국가로 확대될 예정이다. 구글맵 업데이트 발표에서는 이외에 공유 자전거와 킥보드 정보 제공 지역 확대, 비행기 좌석당 탄소 배출량 확인, 호텔의 지속 가능성 정책 정보 제공, 쇼핑 품목 에너지 사용 정보량 등 추후 출시 계획인 기능도 소개했다.

GOOGLE

화석연료 없이 만든 최초의 강철,
볼보의 자동차가 된 사건

철강 산업은 세계 탄소 배출량의 약 7%를 차지할 정도로 공정에서 막대한 온실가스를 만들어낸다. 이를 해결하기 위해 2016년부터 스웨덴 철강 기업 SSAB, LKAB 그리고 국영 기업 바텐팔 Vattenfall은 합작회사 하이브리트 HYBRIT를 세워 친환경 강철 생산 연구를 해왔다. 그 결과 5년 만에 이산화탄소가 거의 발생하지 않는 '무화석(fossil-free) 강철'을 만들었다. 세계 최초로 화석연료 대신 전기와 수소를 활용해 만든 이 철은 자동차 제조사 볼보에 납품되었다. 탄소 발자국을 2025년까지 40%로 줄이고 2040년까지 탄소 중립을 목표로 정한 볼보 자동차는 이 무화석 강철을 콘셉트 카 및 실험 차량으로 활용할 예정이다. 앞으로도 볼보는 차체와 연료를 비롯해 회사 운영과 공급망, 재료의 재활용·재사용을 통해 탄소 배출 문제를 해결할 것이다.

곤충 먹고 달리는 내일의 자동차

자원을 아껴 쓰는 것도 좋지만, 새로운 자원을 찾아내는 일은 문제 해결에 직접적으로 도움이 된다. 한국석유관리원은 '동애등에'라는 곤충의 애벌레로 바이오디젤을 만들어 탄소 배출 감소에 한 발짝 다가갔다. 만드는 방법은 이렇다. 동애등에의 유충을 말린다. 압착하면 지방이 추출되는데, 이를 90°C로 가열한다. 그러면 자동차 연료로 쓸 수 있는 디젤이 된다. 동애등에는 유기화합물 함량이 높고, 생애 주기가 짧아 바이오디젤 연료로 적합하다. 또한 음식물 쓰레기를 먹고 살 수 있다. 매일 쏟아지는 음식물 쓰레기와 그에 따른 처리 비용 일부를 해결할 수 있을지도 모른다. 바이오디젤은 산소 10%를 포함하고 있어 완전연소가 일어난다. 경유와 비교했을 때 대기오염 물질이 60% 이상 적게 배출된다. 동애등에를 가공해 얻어낸 지방으로는 바이오에탄올을 생산할 수도 있는데, 이 역시 생활 에너지 자급률 개선과 온실가스 저감에 크게 기여할 것으로 기대한다.

날아오른 롤스로이스의 전기 비행기

롤스로이스? 비싼 차 만드는 회사 아니야? 이렇게 생각하면 반은 맞고 반은 틀렸다. 롤스로이스는 비행기와 우주선 엔진도 만든다. 2021년 9월 15일에는 '혁신의 정신'이라는 의미를 담은 롤스로이스의 전기 비행기 '스피릿 오브 이노베이션 Spirit of Innovation'이 최고 속도를 기록하며 첫 주행을 마쳤다. 스피릿 오브 이노베이션은 202초 만에 고도 3000m에 도달, 3km 비행 구간에서 시속 555.9km, 15km 비행 구간에서는 532.1km를 기록해 총 세 가지 세계 기록을 경신했다. 순간 최고 속도는 623km/h로 직전 세계 기록인 2017년 지멘스의 338km/h를 가볍게 뛰어넘었다. 다만, 스피릿 오브 이노베이션의 이번 기록은 승객을 태울 수 없는 1인 항공기로서 기록이며, 제2차 세계대전 시기에 이미 내연기관 비행기가 달성한 수준의 성능에 그쳐 상업화하기까지는 시간이 필요할 것으로 보인다. 롤스로이스는 이번 주행을 시작으로 배기가스 없는 차세대 전기 항공기 상업화를 위해 배터리와 열냉각 시스템 기술을 축적해나갈 예정이다.

GR-ECO ISLAND

전라도 영광군에는 e-모빌리티 도로가 있다?

갑자기 영광군? 이런 생각이 드는 건 당연하다. 2014년에 국내 최초 e-모빌리티 선도 도시로 선정된 영광군은 e-모빌리티 엑스포, 보급 사업 등을 해왔지만 크게 주목받지는 못했다. 하지만 퍼스널 모빌리티 이용이 급증하면서 영광군은 본격적으로 움직이기 시작했다. 2021년 8월 시작한 e-모빌리티 전용 차로 공사를 같은 해 12월 준공했는데, 2개의 전용 차로와 4개의 우선 도로 노선까지 총 3.11km에 달하는 길이다. 퍼스널 모빌리티 이용자의 안전을 도모하고, 내연기관차 대신 친환경 모빌리티 사용을 권하는 동시에 전동 휠체어가 편안하게 달릴 수 있도록 교통 이동권을 보장하는 의미도 있다. 영광군은 도로 상황과 주차 문제 등 부족한 측면은 추후 보완해가며 e-모빌리티 선도 도시로서 역할을 해나갈 예정이다.

탄소 없는 지중해를 위한 첫걸음, 그리스 할키

2021년 그리스는 에너지 전환을 위해 할키Chalki를 탄소 제로 섬으로 만드는 GR-eco island 계획을 발표했다. 500여 명이 거주하는 작고 아름다운 이 섬을 지속 가능한 에너지 효율 커뮤니티로 구축해 탄소 없는 지중해로 만들기 위함이다. 이에 그리스 환경부, 프랑스 대사관, 그리스 공공전력공사, 폭스바겐 등이 힘을 모았다. 우선 태양광발전 설비를 구축하고 이를 통해 얻은 전기를 시민에게 무료로 제공하며, 태양열 보트와 전기차를 보급하고 운영할 계획이다. 폭스바겐은 시트로엥 초소형 전기차 아미, SUV e-C4, 전기 밴 e-스페이스투어러, e-점퍼를 할키섬 공공 기관에 전달했는데, 그중 앙증맞고 귀여운 자태의 아미는 지역의 치안뿐 아니라 환경까지 지키는 경찰차로 활약한다. 한편 이 섬을 여행하는 방문객은 태양열발전 보트가 실어 나른다. 이는 앞으로도 많은 수요가 기대되는 관광 상품으로 높은 잠재력을 갖고 있다는 평가를 받고 있다. 재생에너지 사용을 확충하고 운송 수단을 친환경 모빌리티로 전환하기 시작한 할키의 움직임은 기후 위기에 대응하는 지금의 우리에게 필연적 변화다.

에너지를 만드는 태양광 도로

탄소 중립을 위해 세계 곳곳에서 태양광 전지판을 설치한 도로를 건설하고 있다. 2016년 프랑스에서 처음 시도한 후 기술 발전을 거듭하며 유럽과 미국 등 주요 국가에 자리 잡기 시작했는데, 2021년에는 대도시 애틀랜타 지역에 25.6km 길이의 태양광 패널을 설치한 태양광 도로가 완성되었다. 이곳에서는 연간 1300kWh 이상의 전기 생산이 가능하며, 생산한 전기는 전기차 운전자가 무료로 사용할 수 있는 충전소로 보내진다. 추후에는 태양열 도로를 통해 전기차 충전이 동시에 이뤄질 수 있도록 결합하는 것이 목표다. 한편 스위스에서는 도로나 철도 노선을 따라 설치된 방음벽에 태양광 패널을 설치하도록 권장하는 법안을 마련 중이다. 이는 기존의 도로 인프라를 이용해 에너지 전환과 탄소 중립에 다가가겠다는 솔루션으로 독일, 벨기에, 네덜란드를 중심으로 벌어지며 유럽 전역으로 퍼져나간 '롤링 솔라 Rolling Sola' 프로젝트다. 한국도로공사는 2025년까지 비탈 면과 고속도로 유휴 부지에 태양광발전 시설을 구축해 고속도로 운영에 들어가는 전력을 모두 재생에너지로 생산할 것이라고 밝혔다. 참고로 국내 자동차 도로 면적은 2020년 기준 약 12만km²에 달하며, 에너지 자립 고속도로가 완성되면 연간 114만 톤의 이산화탄소를 줄일 수 있을 것으로 추정한다.

미니카도 탄소 중립

플라스틱 소재로 만들어 지속적으로 환경오염을 일으켜온 장난감 브랜드에서 재활용 재료를 사용한 신제품 전기차를 발표했다. 바비 인형을 비롯해 토마스앤프렌즈와 디즈니·픽사의 장난감을 만드는 미국의 장난감 제조 회사 마텔 Mattel에 소속되어 있는 세계적 대기업 매치박스 Matchbox가 그 주인공이다. 1년에 4000만 대 이상의 장난감 자동차를 파는 매치박스는 2021년 탄소 중립 인증을 획득하며 친환경 기업으로서 본격적 행보에 나섰다. 2022년 첫 출시 예정인 상품은 테슬라 로드스터 미니카 버전으로 99% 재활용 아연과 플라스틱 소재 그리고 1%의 스테인리스스틸로 만들었으며, 전기차와 충전기를 포함한다. 이후 출시할 제품 역시 친환경 자동차인데, 매치박스는 2030년까지 포장재를 포함한 모든 제품군을 100% 생분해 및 재활용 플라스틱으로 만들겠다고 밝혔다. 이제 세상에 존재하는 자동차는 당연히 재활용 소재로 만든 전기차라고 인식할 세대의 등장이 머지않았다.

BEIJING STADIUM

배터리와 수소전지를 장착한 트램의 귀환

서울에서는 경성 시대부터 70년간 시민들을 실어 나르던 트램이 높아지는 자동차 보급률과 버스, 지하철에 밀려 1968년 자취를 감췄다. 그런데 이 근대의 상징이던 트램이 50여 년 만에 다시 떠오르고 있다. 전기 배터리로 운행하거나 수소연료전지를 함께 사용하는 하이브리드형으로 발전한 오늘날의 트램이다. 이는 전선을 설치하지 않는 무가선 방식이라 노선을 마련하는 데 드는 시간과 비용을 절감할 수 있고, 탄소 배출은 물론 소음도 없어 기후 위기에 대응할 이동 수단으로 주목할 만하다. 또한 저상 차량이라 노약자나 장애인도 큰 불편 없이 이용할 수 있다. 트램은 전 세계 400여 도시에서 이미 운행 중인데, 최근에는 서울시가 위례 신도시와 마천역, 복정역을 연결하는 대중교통 수단으로 트램을 선택했다. 완공 시기는 2025년이다. 이 외에도 경기도 화성, 대전, 부산, 울산에도 트램 노선의 설치를 논의 중이다.

기후 위기 시대의 올림픽

올림픽에서 친환경성은 언제나 화두였다. 특히 경기장을 건설하기 위해 막심한 환경 파괴가 벌어지는 동계올림픽의 경우 더욱 그렇다. 기후 위기 시대, 올림픽의 지속 가능성에 대한 논의를 더욱 심화시켜야 하는 이유다. 2022 베이징 동계올림픽 역시 스모그의 온상이라는 오명을 벗고 얼마나 친환경적인 방법으로 개최할지에 세계의 이목이 집중되고 있다. 이에 중국은 대기 질 개선과 탄소 중립을 위해 범정부적 차원의 해결 방법을 모색했다. 베이징을 둘러싼 허베이성은 산업 환경을 개선할 것을 약속했고, 도시 주변 수천 제곱미터에 나무를 심었으며, 산업 시설이 즐비한 변두리에 풍력발전소와 태양광발전소를 건립했다. 이로써 이번 베이징 동계올림픽 경기장에서는 100% 재생에너지로 전력을 공급한다. 그뿐만 아니라 우커쑹 체육관 지하 주차장에는 도시 최대의 중앙 집중식 전기차 충전소를 건설했다. 이는 하루 최대 1300대의 전기차를 충전할 수 있는 규모다. 또한 베이징시 행정센터와 올림픽 경기장 주변, 베이징과 허베이성의 출리를 잇는 고속도로와 공항 부근에 총 1187개의 전기차 충전소를 설치했으며, 올림픽 경기장을 둘러싼 대중교통의 85% 이상을 전기 배터리, 수소전지, 천연가스로 구동할 예정이다.

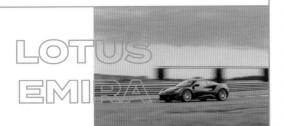

LOTUS
EMIRA

진정한 Next Level, 내연기관차 단종 선언

람보르기니가 2021년 10월 아벤타도르 에디션을 끝으로 내연기관과 작별한다는 소식을 밝혔다. 스포츠카 분야에서 선도적 위치를 점해온 로터스 역시 핵심 라인업이던 3개의 내연기관 스포츠카 엘리스, 엑시지, 에보라를 2021년 12월부로 단종했다. 2022년을 기점으로 전기차 전문 제조사로서 체질을 개선하기 위한 것으로 해석된다. 로터스는 앞으로 4종의 전기차를 새로 론칭할 예정인데, 그중 가장 먼저 선보이는 람다는 로터스의 첫 SUV 차량으로 시스템 출력 740마력, 최대 토크 112kg.fm을 발생시키는 전기 듀얼모터를 달고 탄생한다. 포르쉐 역시 박스터와 카이맨 등 대표 모델을 하나둘 단종하며 전기화 수순을 밟고 있다. 세 브랜드 모두 스피드를 생명으로 여기는 스포츠카 브랜드다운 면모다. 한편 MINI와 재규어는 2025년에 내연기관차를 단종하겠다고 발표했으며 벤틀리는 2026년, 제네시스 2030년, 아우디는 2033년, 현대·기아는 2045년부터 내연기관차 생산을 중단하겠다고 밝혔다.

바다에서도 탄소 중립

2021년 11월 전기 추진 자율 운항 컨테이너선 '야라 버클랜드'가 첫 운항을 성공적으로 마쳤다. 이 선박은 전기를 충전해 구동하는 최초의 무인 탄소 제로 컨테이너선으로, 노르웨이 선박 제조 기업 바드가 수주하고 친환경 비료 회사 야라가 인도받아 운영한다. 야라가 이 전기 선박을 선택한 이유는 지구를 오염시키지 않는 방법으로 친환경 비료를 운송하기 위해서다. 기름 유출의 위험을 줄이는 것은 물론 약 1000톤의 이산화탄소 배출을 감축할 것으로 기대되는데, 이는 연간 4만여 대의 디젤 트럭이 내뿜는 배기가스를 줄이는 효과와 비슷하다. 한편 스웨덴 정부와 기관 그리고 조선소 발레니우스 마린 Wallenius Marine은 풍력으로 구동하는 대형 범선 '오션버드'를 설계했다. 5개의 수직 날개가 돛의 위치에 자리해 있으며, 바람의 흐름을 감지하는 센서가 장착되어 있다. 이는 3만5000톤, 650피트에 이르는 규모로 7000대의 자동차를 운반하는 데 사용할 예정이다. 국제해사기구에 따르면 해운 분야의 온실가스 배출량은 전 세계 총배출량의 3%에 달하는데, 오션버드는 기존 선박에 비해 탄소 배출량을 90%까지 줄일 수 있다.

DOES

TESLA

GOT

AN

ANSWER

?

테슬라가
지구를 위한 답을
찾을 수 있을까?

분명히 말하지만 테슬라는 에너지 기업이다. 따라서 이 시대의 테슬라에는
자동차 브랜드 그 이상의 이야기가 내포되어 있다.
전기차의 멱살을 잡아끌고 여기까지 온 테슬라의 특이점을 숫자로 알아봤다.

NUMBERS

Editor. Seohyung Jo

2030년 테슬라 배터리 용량이면
대대손손 전기 사용 가능

277년

전기차에서 배터리는 내연기관차의 엔진 같은 핵심 부품이다. 얼마나 핵심인가 하면 차 가격의 반이 배터리값일 정도다. 차의 모든 부품을 합쳐도 배터리 하나가 더 비싼 경우도 있다. 배터리의 kWh당 제조 원가는 2012년 1000달러에서 2020년 130달러로 8년 사이에 15% 수준으로 떨어졌다. 전기차가 국가 보조금 없이도 내연기관차와 가격적으로 대등해지려면 이 제조 원가가 100달러 선이 되어야 한다. 이를 프라이스 패러티 price parity라고 하는데, 이보다 가격이 떨어지면 그때부턴 전기차를 안 살 이유가 없어지는 것이다. 전문가들은 배터리 가격을 프라이스 패러티까지 먼저 낮춘 회사가 전기차 시장을 석권할 것으로 보고 있다. 테슬라는 작년 배터리 데이에 직접 배터리를 생산해 2023년까지 kWh당 100달러 이하, 2025년에는 60달러 수준으로 맞추겠다는 목표를 발표했다. 2030년까지 3TWh 배터리를 자체 생산하겠다고 한 것인데, 이는 보통 규모가 아니다. 우리나라에서 한 가구가 월평균 사용하는 전력량이 300kWh라고 했을 때 277년간 쓸 수 있는 양이다. 대대손손 9대까지도 쓸 수 있다. 또 600W 컴퓨터를 잠시도 끄지 않는다고 가정했을 때 190년간 가동할 수 있다. 현재 배터리 시장 1위는 LG화학인데, 이 회사의 전체 생산 규모 100GWh의 30배 용량을 배터리 하나에 담을 생각인 것이다. 테슬라는 원재료부터 직접 조달할 계획을 세웠다. 핵심 원료인 니켈과 리튬을 직접 채굴하고 폐배터리에서 니켈과 리튬도 긁어모을 예정이다. 당장 2022년에는 니켈이 풍부한 행성을 찾기 위해 우주로 날아간다.

지구 8만8000바퀴
이동한 만큼의 탄소, 섹시함으로 감축

그동안의 환경 운동은 아껴 쓰는 방식으로 진행해왔다. 비닐 사용을 줄이고, 소고기를 먹지 않고, 옷을 사지 않는 등 누구나 할 수 있지만 불편하고 귀찮은 일이었다. 하지만 테슬라를 사는 건 그 반대의 환경 운동이다. 2008년 테슬라는 첫 제품으로 한화 1억3000만 원에 달하는 럭셔리 스포츠카 로드스터를 선보였다. 우주선이 생각나는 압도적 가속력과 미래지향적 대시보드 디자인을 더해 전기차가 환경 운동가들이나 타는 작고 약한 차라는 이미지를 벗어던지고 스펙을 높여 럭셔리와 하이테크 분위기를 덧씌웠다. 구매 선택이 곧 어떤 브랜드 철학에 공감하는지를 표현하는 것이 돼버린 요즘, 테슬라를 사는 소비자는 환경을 생각하면서 경제력까지 갖춘 매력적인 정체성을 갖게 된 것이다. 테슬라가 섹시한 이미지로 보급에 가속도를 붙인 전기차는 내연기관차 대비 1대당 연간 2톤의 이산화탄소를 줄일 수 있다. 이는 소나무보다 이산화탄소를 6배 더 빨아들인다는 대나무를 8그루 심는 것과 같은 효과다. 한 사람이 같은 양의 이산화탄소를 줄이려면 이메일을 53만 개 지워야 하며, 폐지 2톤을 주워다 재활용해야 한다. 또는 3125년 동안 영수증을 한 장도 받지 않아야 가능한 양이다. 전기차가 지금과 같은 속도로만 늘어도 2050년에는 연간 탄소 0.8Gt를 줄일 수 있다. 이는 7억6800만 헥타르의 온대림이 매년 흡수할 수 있는 양이며, SUV가 1km당 0.27kg의 이산화탄소를 내뿜는 것과 비교했을 때 37억370만3000km, 즉 지름 4만2000km인 지구를 8만8183바퀴 움직였을 때 나오는 양이다.

한 해 동안 판매한
탄소 배출권

1조8696억
8000만 원

내연기관차는 만들면 만들수록 탄소 배출이 많아진다.
즉 자동차를 생산하기 위해선 탄소 배출권이 많이
필요하다는 얘기다. 탄소 배출권은 정해진 기간 동안 6대
온실가스의 일정량을 방출할 수 있는 권리로 테슬라 같은
전기차 제조사의 경우 차를 팔수록 오히려 탄소 배출권이
쌓인다. 따라서 온실가스를 초과 배출한 철강, 정유,
내연기관 제조업체 등에 이 배출권을 판매할 수 있는데,
이렇게 테슬라가 2020년 한 해에 판매한 탄소 배출권은
1조8696억8000만 원에 달한다. 이는 1년 내내 테슬라가
자동차를 판매해 얻은 전체 수익의 2배가 넘는 금액으로,
30만 원짜리 차량용 고효율 태양광 패널을 약 670만 대의
자동차에 설치하고도 남는 돈이다. 태양광 패널을 사용한
적이 없어 실감이 나지 않는다면 다른 계산법도 가능하다.
300만 원짜리 전기차 트위지를 62만6560대, 지름
8cm의 적송 묘목을 375만9360그루 살 수 있는 돈이다.

3개월 절약한 광고비로 할 수 있는
무료 나눔 빅맥

5만3000개

자동차 회사는 광고와 홍보를 위해 많은 돈을 쓴다. 브랜드 가치를 높여 같은 품질의 차를 더 비싸게 팔 수 있기 때문이다.
2016년 미국에서 판매된 자동차 브랜드별 1대당 광고 비용은 현대자동차의 제네시스 6821달러(약 830만 원), 링컨
2719달러, 캐딜락 1493달러, 토요타 353달러, 포르쉐 283달러인 반면, 테슬라는 제로였다. 테슬라는 자동차 딜러 숍을
통한 판매가 아닌 웹사이트 판매 방식을 취했다. 기존 전략은 대형 자동차업체와 경쟁해야 하기 때문에 불리한 게임이 될
수밖에 없다. 딜러에게 판매 커미션을 더 주고 타사와 똑같이 경쟁해 판매하는 대신, 매장에서는 제품에 대한 경험만 하게
하고 웹사이트를 통해 주문 판매하는 전략을 선택한 것이다. 딜러가 없고, 할인도 없으며, 광고도 하지 않는 테슬라의
전략은 기존 자동차 회사와는 다른 방식으로도 성공할 수 있다는 걸 보여줬다. 2016년 1분기 미국에서 모델 S와 X를
합쳐 9020대를 판매한 테슬라는 토요타와 비교했을 때 3개월간 광고 비용으로만 약 32만2060달러를 절약한 셈이다.
이는 미국 스타벅스에서 '오늘의 커피' 톨 사이즈를 16만1000잔, 맥도날드에서 빅맥을 5만3000개 살 수 있는 돈이다.
제조사들이 여전히 기름을 잔뜩 먹는 SUV를 광고하는 데 많은 돈을 쓰는 동안 테슬라는 광고를 없애 불필요한 자원을
아꼈다. 동시에 다른 스타트업을 자극해 리비안, 루시드, 니오 같은 전기차 신생 브랜드에 가능성을 보여주었다.

모델 S의 주행거리 652km를
스타렉스로 달릴 경우, 주유비

11만 원

"전기차? 충전소 더 생기면 그때 생각해보려고. 아직은 주행거리가 짧아서." 주행거리는 한 번 충전으로 달릴 수 있는 예상 거리로, 전기차 구매를 망설이는 이유로 빠지지 않고 등장한다. 오죽하면 전기차로 장거리 이동할 때 충전소를 찾지 못할까 봐 걱정하는 주행거리 불안(range anxiety)이라는 단어까지 생겼을까. 주행거리는 앞서 얘기한 배터리 역량과 직접적 연관을 가지며, 이용자들이 실제로 느끼는 가장 큰 단점이었다. 그런데 테슬라는 이를 가장 큰 장점으로 단박에 바꿔버렸다. 1996년 미국 GM에서 만든 최초의 양산형 전기차 EV1의 주행거리는 96km였다. 납 배터리를 탑재한 이 1400kg의 거구는 결국 환경 운동가들이나 타고 다니는 작고 약한 차 이미지에 머물렀다. 테슬라는 주행거리를 늘리기 위해 시트 무게를 낮추고 배터리 전력 관리를 최적화하고, 저저항 타이어를 쓰고, 전기모터 무게를 극단적으로 줄였다. 그 결과 EV1 이후 10년 만에 주행거리 652km의 스포츠 세단 모델 S를 발표했다. 이는 인천에서 부산까지 가고도 남는 거리로, 스타렉스로 달리면 주유비만 11만 원이 필요하다. 택시의 하루 평균 주행거리가 300km 내외임을 고려할 때 냉난방기를 사용하고도 이틀은 충전 없이 영업할 수 있는 정도다. 이후 다른 브랜드의 전기차 주행거리 역시 테슬라를 따라 급격히 상승했다. 벤츠의 전기차 세단 EQS는 700km를 돌파했고, 루시드모터스는 에어 드림 에디션 레인지로 837km 주행거리 등급을 받았다. 이제 내연기관차와 주행거리를 비교하는 일은 굳이 할 필요가 없다.

미국 대륙 전체를 당장 신재생에너지로 전환하는 방법, 테슬라 파워팩

1억6000만 개

테슬라가 그저 전기차를 만들고 있는 것처럼 보이지만, 처음부터 그들의 비전은 '지속 가능한 에너지로 세계적 전환을 가속하자(Accelerate the world's transition to sustainable energy)'였다. 근본적으로 친환경 교통 시스템을 구축하고자 하는 목표를 가지고 전기차를 만든 것이다. 다만 전기차는 재생에너지를 연료로 공급받을 때에만 지속 가능하다. 테슬라는 일찌감치 완전한 청정에너지 생태계를 구축하기 위해 고정식 저장 장치를 고민해왔다. 2016년 테슬라는 친환경 에너지 연계 전력 저장 시설 '파워월' 및 '파워팩' 제품 라인을 도입해 저장 장치 분야를 강화했고, 태양광 저장 장치 회사 '솔라시티'와 태양전지판 설치 시간을 줄여주는 시스템을 구축한 신생 기업 '젭 솔라 Zep Solar'를 인수했다. 테슬라의 2015년 발표에 따르면, 1만2000m²의 땅에 1GWh의 발전소를 만들 경우 같은 규모의 화석발전소보다 4배 효율이 좋으면서 탄소를 전혀 배출하지 않을 수 있다고 한다. 그러니까 파워팩 1억6000만 개가 있으면 태양광만으로 미국 전역에 전기를 공급할 수 있으며, 9억 개를 설치하면 전 세계가 태양광으로 에너지를 얻을 수 있다. 2019년에는 파워팩보다 1.6배 에너지 효율이 좋은 메가팩을 발표하기도 했다. 솔라루프를 통해 태양열에서 전기로 전환한 에너지를 가정용 스토리지인 파워월에 저장해 모델 X, S, 3를 충전하는 식으로 테슬라는 선순환 산업 생태계를 만들어가고 있다.

우리는 더 이상 '박제의 시대'에 살고 있지 않다. 그건 딴건 바다 밑에 있던

1.5°C

엄청난 양의 화석연료를 이용해 만들어낸 힘이었다.

경제학자, 제러미 리프킨 JEREMY RIFKIN

66

전기차,
제가 좀
타봤는데요

99

PEOPLE　　　EDITOR. Jiyeong Kim

전기 모빌리티와 라이프스타일을 다루는 전문 매거진 <엘렉트릭>을 창간한 브리타 라이네케는 지속 가능성, 다양성, 성 평등, 포용성의 관점에서 전기차를 바라보고 리뷰한다. 단순한 승차감, 스피드를 넘어서 이것이 요즘 시대가 말하는 모빌리티의 속성이자 스펙이기 때문이다.

©BMWforellectric

브리타 라이네케
BRITTA REINEKE

모빌리티 전문가이자 셀러브리티로 다양한 활동을 펼치고 있죠? 그중에서 직접 창간한 <엘렉트릭 Ellectric> 매거진이 무척 궁금한데요, 전기 모빌리티에 초점을 맞췄다고요.

지금의 자동차 산업은 확실히 전기 모빌리티에 초점을 맞추며 나아가고 있어요. 에너지 전환이 매년 더 넓은 범위에서 더욱 친환경적으로 이뤄지고 있는 가운데 전기 모빌리티가 여러 가지로 더 나은 선택이라는 합리적 판단에서죠. <엘렉트릭>은 전기 모빌리티를 중심으로 라이프스타일, 시대정신 그리고 트렌드 세터라는 핵심 가치를 콘텐츠에 녹여내고 있습니다.

메르세데스-벤츠의 마케팅과 커뮤니케이션도 담당했다고 들었는데, 어떻게 매거진까지 창간하게 된 건지 궁금해요. 특별한 계기가 있었나요?

저에게 모빌리티는 단순한 이동 수단이 아닌 자유이자 독립성을 의미해요. 어디든 원하는 대로 갈 수 있게 해주니까요. 하지만 기존 모빌리티 영역에서는 디자인, 라이프스타일, 다양성 같은 측면에서 제게 필요하거나 궁금했던 것들을 충족시켜주는 매체를 발견할 수 없었어요. 온통 진부한 얘기뿐이었죠. 주로 남성의 시각에서 연구되고 쓰여왔으니까요. 이러한 인식을 바꾸고 변화를 만들기 위해 <엘렉트릭>을 창간한 거예요. 잡지 이름인 'ellectric'은 프랑스어에서 여성 인칭대명사로 쓰는 'elle'와 'electric'의 합성어고요.

확실히 자동차 산업은 남성 중심적으로 이루어진 만큼 여성적 관점이 부재했죠. 그런데 전기 모빌리티를 다루는 데 여성적 관점을 추구한다는 것이 어렵게 느껴지기도 해요. 좀 더 구체적으로 설명해줄 수 있나요?

잡지의 내용을 보면 알겠지만, 여성적 관점을 부여한다는 것이 꼭 여성만을 타깃으로 한다는 건 아니에요. 기존 산업에서의 전형을 깬다는 의미가 크죠. 전기 모빌리티가 기존 모빌리티 산업에 새로운 혁신을 가져다준 것처럼요. 물론 기술은 굉장히 빠르게 발전하고 있고 새로운 혁신이 계속 일어나고 있기 때문에 미래에는 또 어떤 솔루션이 등장할지 모르죠. 그래서 <엘렉트릭>은 전기 모빌리티 자체에만 집중하지는 않아요. 이러한 이슈를 둘러싼 전반적 라이프스타일을 다룹니다. 자전거를 타는 것부터 달을 향해 날아가는 것까지, 원한다면 모두 다룰 수 있어요.

<엘렉트릭>의 콘텐츠를 보면 마치 패션 카탈로그나 아트 북 같기도 해요. 실제로 유명 패션 학교를 졸업하고 패션계에서 일했는데, 그때의 경험이 현재의 일에 어떤 영향을 미치고 있는지 궁금해요.

패션에는 디자인·라이프스타일·예술·음악·건축 등 많은 분야가 융합되어 있는데요, 혁신하고 창조하고 매혹하고 경계를 넓히라고 끝없이 요구하죠. 그런 융합적 관점과 혁신적 태도를 모빌리티 산업 영역에도 적용하려 노력하고 있어요. 모빌리티라는 주제를 미니멀하고 현대적 감성의 디자인과 높은 퀄리티의 비주얼 언어를 통해 더욱 매력적으로 보여주는 거죠. 무엇보다 저는 모빌리티 분야를 섹시하게 만들고 싶어요. 여전히 보수적인 모빌리티 영역의 경계를 넓히고, 완전히 새롭게 바뀌길 원해요.

BMW부터 현대자동차까지 전 세계 다양한 브랜드의 전기차와 스쿠터, 자전거 등을 시승하며 여러 콘텐츠를 만들고 있는데요, 특별히 관심 가는 브랜드가 있나요?

기존 시장의 관습에 도전하고, 지속 가능한 미래로 가는 길을 만들어나가는 선구자에 관심이 굉장히 많아요. 모빌리티를 새롭게 재창조하고자 하는 개척 정신, 혁신, 기업가 정신을 지닌 브랜드들요.

예를 든다면요?

우선 혁신, 디자인, 지속 가능성을 상징하는 새로운 전기차를 만드는 폴스타 Polestar가 있고요, 중국의 전기차 제조 기업 니오 NIO도 굉장히 흥미로워요. 니오 역시 폴스타처럼 시장에 진입한 지 얼마 되지 않았지만 벌써 큰 영향을 끼치고 있죠. 앞으로 전기 모빌리티는 충전 인프라, 장거리용 전고체 배터리, 자율주행 같은 혁신적 기술과 더불어 더욱 빠르게 성장할 거예요. 다양한 영역에서 전기 모빌리티, 도심형 모빌리티, 지속 가능성 같은 주제에 대한 관심이 높아지면서 새로운 플레이어들이 계속해서 시장에 등장하고 있죠.

요즘엔 거의 모든 기업이 내연기관차 생산 중단을 발표하고 있잖아요. 기존 자동차 브랜드의 동향은 어떤가요?

볼보의 경우 업계 최초로 2030년까지 모든 신차를 완전히 전기차로 생산하겠다고 발표했는데요, 실제로 그렇게 하기 위해 굉장히 야심 찬 목표를 세워 실천하고 있어요. 볼보의 모회사인 중국 자동차 기업 지리 Geely의 링크앤코 Lynk&Co 역시 소유권과 이동성에 대해 새로운 접근법을 소개하고 있고요. 자율성과 유연성을 끝없이 갈망하는 젊은 세대를 적극적으로 공략하죠.

환경친화적인 면에서 특히 노력을 기울이는 기업과 브랜드를 소개해준다면요?

BMW의 iX 모델의 경우 에너지 측면에서뿐 아니라 디자인과 내부 설계에서도 친환경적 시도를 보여주고 있어요. 낚시 그물망을 사용해 바닥 매트를 만들고, 문의 표면과 천장에는 재활용한 플라스틱 소재를 썼죠. 신생 기업 중에는 목표 그 자체가 '지속 가능성'인 브랜드도 많아요. 어라이벌 Arrival은 도시를 위한 탄소 제로 모빌리티를 만들어 자동차 산업계를 파격적으로 혁신하겠다는 목표를 가진 멋진 기업이고요, 네덜란드의 반무프 VanMoof는 스마트하고 스타일리시한 전기 자전거를 만들어서 도시에 사는 사람들이 이륜 모빌리티로 이동 수단을 바꾸도록 영감을 주겠다는 목표를 가지고 있어요. 또 유비트리시티 Ubitricity라는 회사는 거리의 가로등을 전기 모빌리티 충전소로 바꾸는 방식으로 인프라 확대에 기여하고 있죠. 몇 개만 언급하려고 했는데 벌써 상당하죠? 하지만 이 외에도 이미 시장에는 지속 가능한 미래를 구축하기 위해 변화를 만들어나가는, 놀랍도록 영감을 주는 브랜드가 많아요.

이러한 브랜드와 실제로 협업해서 캠페인을 하거나 콘텐츠를 만들 때 가장 중요하게 생각하는 점은 무엇인가요?

디자인과 퀄리티는 말할 것도 없고 지속 가능성, 다양성, 성 평등, 포용성의 관점을 지지하는 태도가 중요해요. 점점 더 치열해지는 전기 모빌리티 분야에서 주목받기 위해서는 기술적 차별성뿐 아니라 감성적 영역에서의 설득력이 필수라고 봅니다. 이것은 브랜드나 기업 차원에서만 소화할 수 없는 영역이기 때문에 <엘렉트릭>에서는 소비자들이 보다 실체적 경험을 할 수 있도록 영감을 주는 콘텐츠를 만드는 데 집중하고 있어요. 가장 높은 수준에서 지속 가능성과 환경친화적 방식을 추구하는 브랜드만이 미래에도 살아남을 수 있을 거예요.

다양한 브랜드의 전기 모빌리티를 직접 시승하고 리뷰하는 전문가는 어떤 제품을 선택할지도 궁금해요. 만약 새로운 이동 수단을 구매한다면 무엇을 고를 건가요?

물론 상황에 따라 다르죠. 베를린 같은 도시에서는 콤팩트한 전기차인 스마트 이큐 포투 EQ fortwo가 완벽한 동반자가 되어줄 수 있다고 생각해요. 봄이나 여름에는 반무프나 카우보이 Cowboy에서 나온 전기 스마트 바이크를 타면 좋을 것 같고요. 베를린 기반의 브랜드인 우누 Unu의 전기 스쿠터도 훌륭한 옵션이죠. 지속 가능한 방식으로 도로 위를 달리면서도 주차 공간을 찾느라 스트레스를 받을 필요가 없으니까요.

런던, 암스테르담 등의 도시를 거쳐 현재는 베를린에서 일하고 있죠? 베를린에서 전기 모빌리티를 이용하는 경험은 어떤가요?

베를린은 스마트 시티로 발전하고 있다고 하지만, 인프라는 매우 구식이에요. 암스테르담의 경우 제가 살던 2010년 당시에도 이미 좋은 인프라를 갖추고 있었어요. 그에 비하면 2022년의 베를린은 여전히 많은 의문이 듭니다. 대중교통을 포함한 모빌리티 분야 전반에서 개선할 점이 아주 많아요. 하지만 그와 별개로 사람들이 전기 모빌리티를 직접 운전할 때 보이는 반응은 정말 재밌다는 거예요. 그저 새로움을 포용하기만 하면 되니까 긍정적인 것이죠. 특히 전기차는 즉각적인 회전과 가속이 가능해요. 반응이 정말 빠르죠. 그리고 구동이 아주 부드럽고 조용하기 때문에 그저 타고 달리는 것만으로도 이 복잡한 도시의 소음에서 완벽하게 탈출할 수 있어요.

모빌리티라는 주제를 미니멀하고 현대적 감성의
디자인과 높은 퀄리티의 비주얼 언어를 통해 더욱
매력적으로 보여주는 거죠. 무엇보다 저는 모빌리티
분야를 섹시하게 만들고 싶어요. 여전히 보수적인
모빌리티 영역의 경계를 넓히고, 완전히 새롭게
바꾸길 원해요.

©Hyundaiforellectric

그렇다면 개선과 관련해 가장 시급한 문제는 무엇인가요?

일단 충전소가 너무 적어요. 예를 들어 제가 사는 동네에는 100대 넘는 전기차가 있지만 충전소는 4개밖에 없어요. 또 충전소를 사용하기 위해 쓰는 앱이 너무 다양한 데다 결제 시스템까지 복잡하고요. 쉽고 통합된 결제 시스템과 더 많은 충전소 같은 인프라를 구축하는 것이 앞으로의 과제죠. 성장하고 있는 전기차 시장과 발맞추기 위해선 하루빨리 더 많은 충전소를 만들어야 한다고 생각해요.

사람들이 전기 모빌리티를 선택할 때 가장 고민하는 부분이 바로 충전 인프라라고 하죠.

완전히 동감해요. 우리는 이미 주유소가 빽빽이 들어선 도시에 살면서 내연기관차를 이용하는 일상에 익숙해져 있기 때문에 그만큼 쉽고 편리하지 않으면 선뜻 새로운 선택을 하기 망설여질 수밖에 없어요. 그래서 저는 〈엘렉트릭〉이 더 의미 있는 역할을 할 수 있을 거라고 생각해요. 새로운 모빌리티 솔루션이 시장에 나왔을 때 그에 대해 적극적으로 알리고 그 경험을 공유해주는 거죠.

코로나19 역시 모빌리티 분야의 새로운 흐름을 만드는 데 크게 영향을 미쳤다고 들었어요.

전기 모빌리티의 범주나 충전 이슈와 관련해서는 아직까지 의구심이 남아 있는 상황이지만, 공유 모빌리티 쪽에선 새로운 모델과 서비스가 계속해서 등장하고 있어요. 감염에 민감한 시기인 만큼 대중교통을 이용하는 것이 아무래도 불안한 일이 되었으니까요. 그렇다고 모두가 도로에 매연을 내뿜는 커다란 차를 가지고 나온다면 어떻게 되겠어요. 이동에서 지속 가능성에 대한 이슈가 크게 불거지면서 새로운 에너지원을 이용한 모빌리티는 물론 공유 경제, 마이크로 모빌리티의 중요성 또한 더욱 커지고 있는 거죠.

환경에 대한 관심뿐 아니라 사람들의 라이프스타일과 가치관이 모빌리티 영역을 변화시키는 데 핵심 역할을 하겠네요.

맞아요. '넷 제로'라는 전 지구적 목표는 모빌리티의 미래에 대해 많은 면에서 변화를 자극하죠. 하지만 그러한 규제·제도뿐 아니라 소비자의 행동과 사회 그리고 기술의 변화도 우리가 이동하는 방식을 크게 변화시킬 것이라고 봐요. 무엇보다 언제 어디서나 어디로든 이동할 수 있는 유연성에 대한 사람들의 욕망은 사라지지 않을 테니까요. 앞으로는 점점 더 다양한 모빌리티의 소유 방식과 이동 방식을 추구하게 될 겁니다. 인구가 밀집된 도시에서는 더 작은 모빌리티 솔루션이 거리에 나타날 거고, 시골에는 또 그곳 환경에 맞는 새로운 방식의 모빌리티가 등장하겠죠.

자율주행차를 타고 이동하는 것 역시 머지않은 미래엔 자연스러운 일이 될 테고요. 무엇보다 전기 모빌리티를 통해 도시에서의 이동은 더 똑똑해지고 더욱 밀접하게 연결될 겁니다. 소비자로서 우리는 이처럼 새로운 혁신과 기술에 늘 열려 있어야 한다고 생각해요.

전기차가 새로운 사용자에게 더 빨리 다가가려면 기업이나 브랜드 차원에선 어떤 노력을 해야 할까요?

지금보다 전기차의 실체를 더욱 명확히 해야 해요. 즉 전기 모빌리티가 전체 사용 주기에 걸쳐 얼마나 지속 가능한지를 확실히 보여주고, 고객과의 대화에도 투명하고 열린 태도로 참여해야 합니다. 또 소비자는 여전히 전기 모빌리티에 대해 궁금한 것이 많기 때문에 더 많은 교육과 정보를 제공해야 하고요. 브랜드가 이러한 소비자의 여정에 진심으로 함께할 때만이 새로운 사용자에게 더 빠르게 다가갈 수 있을 겁니다. 앞서 이야기했듯 감성적인 면도 상당히 중요한 영역인데요, 전기 모빌리티 시대에는 브랜드가 자신만의 독특한 위치를 소구하는 것 못지않게 감성적인 영역에서 얼마나 설득력 있는 모습을 보이느냐가 브랜드 충성도를 구축하는 데 결정적 영향을 미칠 거예요.

전기 모빌리티가 곧 내연기관차를 완전히 대체할 수 있을까요? 전기차의 미래를 어떻게 그리고 있나요?

내연기관차와 비교했을 때 전기차가 환경을 위해 더 나은 솔루션이라는 건 분명해요. 전기 모빌리티는 앞으로도 더욱 친환경적으로 변화할 겁니다. 하지만 전기차의 미래에 대해 이야기할 때 반드시 고려해야 할 점이 몇 가지 있어요. 우선 모빌리티 영역에선 합리적 가격을 유지하는 것이 정말 중요합니다. 또 무엇보다 사용하기 쉽고 직관적이며 어디서나 충전할 수 있어야 하고요. 앞으로 몇 년 이내에 배터리 가격이 더 저렴해지면, 그에 따라 전기 모빌리티 가격도 낮아질 거예요. 충전 인프라도 훨씬 좋아질 거고요. 이렇게 전기 모빌리티를 둘러싼 환경이 계속 발전하면 사람들 역시 스스로 지속 가능하게 행동하는 것을 점점 더 제대로 인식할 겁니다. 물론 전기 모빌리티는 개인 운송 수단 외에 여객 운송, 공유 모빌리티나 물류 영역에서도 크게 추진력을 얻고 있어요. 이제 거의 모든 모빌리티 영역에서 전기 구동이 가능해진 거죠. 앞으로 자동차 양산 시스템에 전고체 배터리를 도입하면 전기차의 범위는 그야말로 비약적으로 늘어날 겁니다.

전기 바이크로 멸종 위기 코끼리를 구하는 법

PEOPLE　　EDITOR. Jiyeong Kim

스톡홀름에 살고 있는 이사벨라 페르손은 스웨덴의 전기 바이크 회사 '케이크'에서 지속 가능성 부서의 책임자로 일하고 있다. 단 하나의 모델을 모듈에 따라 무려 1000가지로 변주할 수 있는 이 전기 바이크는 한 대를 사면 오래, 다양하게 쓸 수 있다. 심지어 멸종 위기 코끼리도 구한다.

이사벨라 페르손
ISABELLA PEHRSSON

패션 분야에서도 지속 가능성과 관련해 커리어를 쌓아왔다고 들었어요. 현재는 전기 바이크를 만드는 케이크 Cake에서 일하고 있는데요, 이 회사에 합류하기로 결정한 건 어떤 이유였나요?

빠르게 움직이고 실제적인 행동으로 임팩트를 만들어낸다는 점이 무엇보다 매력적이었어요. 모빌리티 회사의 지속 가능성 부서 책임자가 해야 할 일은 실제로 탄소 발자국을 줄이고 모든 사람이 그 방향으로 갈 수 있게 돕는 거예요. 지구에 부정적 영향을 끼치는 모든 산업에서 해야 하는 일과 비슷하죠. 하지만 지속 가능성 부서의 책임자라고 해서 누구나 회사에서 이렇게 가시적인 성과를, 심지어 우리가 추적하거나 소통할 수 있는 것 이상의 성과를 낼 수 있는 건 아니에요. 그런 점에서 참 행운이라고 할 수 있는데요, 지속 가능성 부서와 다른 수익성 비즈니스 부서를 분리하지 않고, 숙련된 기술자들이 지속 가능성을 만들어낼 수 있도록 교육하고 지지하는 문화를 형성하는 데 특히 많은 신경을 쓰고 있어요.

케이크라는 회사에 대해 간단히 소개한다면요?

창립자 스테판 위테르보른 Stefan Ytterborn은 사실 모터사이클을 좋아하지 않았어요. 무엇보다 소음과 매연을 아주 싫어했죠. 그러다가 5년 전 어느 날 조용하고 깨끗한 모터사이클에 대한 아이디어를 떠올리게 된 거예요. 그는 여러 대의 전기 모터바이크를 산 다음 고틀란드에 있는 여름 별장에서 실험을 해봤어요. 그리고 지구와 사람들을 위해 도심 속 교통을 변화시킬 수 있는 전기 모터바이크의 잠재력을 크게 깨닫고 사업에 뛰어들었죠. 재생에너지로 충전해서 거리를 다니는 모터바이크는 그 자체로 임팩트를 만들어내고 있어요. 특히 케이크가 생산하는 전기 바이크는 태양광 패널을 설치하면 스스로 에너지를 만들어내면서 달릴 수 있다는 점에서 더 특별하죠. 핸드폰이나 다양한 전자기기를 연결해 사용할 수 있는 나만의 태양발전소를 가지는 것과 마찬가지예요. 완전히 충전하면 한 번에 80km까지 갈 수 있습니다.

바이크 회사에 지속 가능성 부서가 있다는 점도 흥미로운데요, 케이크에서는 왜 이 부서를 별도로 만들었는지 궁금합니다.

지속 가능성은 케이크에서 부가적인 것이 아니에요. 우리의 핵심 가치와 밀접하게 맞물려 있죠. 물론 한편에선 이런 얘기도 해요. 바이크의 물성 자체, 즉 만들어지는 과정과 유통 과정을 포함한 제품의 생산과 사용 주기 전체를 생각한다면 바이크를 타는 한 '탄소 제로'를 이루는 건 불가능하다고요. 그래서 우리에겐 지속 가능성 부서가 필요했어요. 순환, 투명성 그리고 사회적 영향이라는 가치에 완전히 집중할 수 있도록 미래의 소비자 요구와 규칙을 테이블로 가져와 논의하는 거죠.

다른 산업 분야에서도 관심을 많이 가질 이야기 같아요. 지속 가능성 부서에서 하는 일을 좀 더 구체적으로 설명해줄 수 있나요?

탄소 배출을 줄이는 교통수단을 만드는 것뿐 아니라 모든 부서의 지속 가능성을 서포트해서 우리가 만들어내는 임팩트의 총량을 극대화해요. 변화의 속도를 높이기 위해서 외부 이해관계자들과 협업하기도 하고요. 우선 올해에는 내부 운영을 포함해 우리 회사에서 배출하는 탄소 총량을 측정할 계획인데, 이러한 시도를 제조부터 물류 분야까지 계속해서 확대해나갈 예정입니다. 또 전체적으로 순환 시스템을 만드는 것에도 많은 고민을 하고 있어요. 소비자와 회사들이 소비 및 유통 과정에서 이런 시스템에 참여하고 혜택을 받을 수 있도록 하는 거죠.

외부와는 어떤 방식으로 협업을 하는지도 궁금해요. 협업을 진행하고 있는 프로젝트가 있다면 소개해주세요.

대표적으로 유럽 최대 전력 회사 중 하나인 바텐팔과 함께 세계 최초로 화석연료에서 완전히 자유로운 모터바이크를 개발하는 프로젝트를 진행하고 있어요. 최근에는 저희 제품 중 칼크 KALK 기종의 모든 부품을 나사로 분리해 생산과정에서의 탄소 발생을 최소화하는 방법도 분석했는데요, 올해 공급업체와 과학자를 비롯해 다양한

리소스를 찾아서 2025년까지 화석연료 프리 바이크를 만들 계획입니다.

하는 일 자체가 지구에 올바른 영향을 주기 위한 방법을 고민하는 것이다 보니 뿌듯한 순간이 많을 것 같아요. 지속 가능성 부서에서 일하며 가장 자랑스러웠던 순간은 언제인가요?
밀렵꾼으로부터 멸종 위기에 처한 동물을 보호하기 위해 남아프리카에서 진행한 '일렉트릭 부시 바이크 프로젝트 Electric Bush Bike Project'를 꼽고 싶네요. 밀렵이 무차별적으로 벌어지는 지역은 넓고 외딴곳에 위치한 데다 도로가 부족해서 자동차 순찰이 불가능해요. 그래서 소음이 많이 발생하는 가솔린 바이크 대신 특별히 개조한 케이크의 초저소음 전기 모터바이크를 이용하기로 했죠. 덕분에 거친 오프로드에서도 밀렵꾼이 눈치채지 못하게 순찰대가 조용히 다가갈 수 있었습니다. 또 태양열 패널을 사용해 전력망이 없는 아프리카 덤불 사이에서도 걱정 없이 운행할 수 있었고요. 이 프로젝트로 우리 바이크가 <타임>이 선정한 2021년 가장 중요한 발명품 중 하나로 꼽히기도 했어요. 이건 전기 모빌리티가 현대 도시에 고요함을 주는 것뿐 아니라, 열대 사바나의 코끼리의 세상을 구할 수도 있다는 것을 보여준 아주 멋진 사례라고 생각합니다.

케이크의 바이크는 무엇보다 굉장히 미니멀한 디자인이 인상적인데요, 북유럽 특유의 감성과 실용적인 관점이 반영된 것 같기도 해요.
심플함은 우리의 DNA에 깊게 새겨져 있어요. 케이크의 디자인은 뼈대가 그대로 드러나는 간결한 차체로 굉장히 미니멀하죠. 보기에도 좋고 기능성도 좋습니다. 단순해 보이지만 여러 모듈을 사용하면 길쭉한 서핑보드까지 실을 수 있고요. 무엇보다 디자인 자체가 기능을 구현하는 데 최적화되어 최소한의 자원을 사용합니다. 우리가 이동하기 위해 사용하는 자원을 최소화하면 지구에 미치는 부정적 영향도 줄일 수 있죠. 물리적이면서 미학적으로 가치 있는 디자인은 그 자체로도 탄소 발자국을 줄이는 데 기여할 수 있어요.

디자인 외에 기능적 면에서는 어떤 특징이 있나요? 다른 전기 바이크와의 차별점 위주로 설명해줄 수 있나요?
사실 케이크의 제품군은 칼크와 외사 ÖSA, 그리고 마카 Makka, 딱 세 종류뿐이에요. 심플한 구조 덕에 더욱 다양하게 사용할 수 있고, 중고로 판매하더라도 가치가 높게 유지돼요. 특수 액세서리군이 다양해서 사용자가 원하는 대로 커스터마이징을 자유롭게 할 수 있다는

것도 큰 장점이죠. 모듈화는 우리가 제품을 디자인할 때 고려하는 또 하나의 중요한 지점인데요, 수리하기 쉬우니까 고객이 온라인에서 직접 부품을 사서 관리할 수도 있죠. 우리는 바이크가 소모품이 아니라고 생각해요. 따라서 한번 사면 최대한 오래 쓸 수 있도록 업그레이드가 계속 가능하게 디자인했습니다. 배터리 역시 계속해서 성능이 좋아지고 있기에 굳이 제품 전체를 교체하지 않고 배터리만 따로 구매하면 손쉽게 바이크를 업그레이드할 수 있게 했고요. 수리, 업그레이드, 업사이클로 이어지는 통합적 인프라를 제공함으로써 고객이 케이크 제품을 구매하는 걸 값진 투자라고 느낄 수 있게 합니다.

자원의 순환에도 관심이 많은 것 같은데, 회사 차원에서는 이런 부분을 어떻게 신경 쓰고 있나요?
케이크의 사명은 세대를 넘어 사용하는 퀄리티 높은 바이크를 만들어서 궁극적으로 소비를 줄이는 것에 있어요. 부속품을 더 오래 사용하면 할수록 탄소 발자국과 환경에 미치는 영향도 줄어들 테니까요. 그러려면 퀄리티는 물론 스타일도 뒤처져서는 안 되겠죠. 케이크의 바이크는 소프트웨어와 하드웨어적인 면에서 계속 업그레이드할 수 있도록 만들어졌어요. 지구 전역에서 서비스를 받을 수 있도록 지점을 늘려 고객이 어디서든 쉽게 바이크를 관리받도록 노력하고 있죠. 또 제품의 수명을 연장하기 위한 다음 스텝을 고민하면서 자원 순환과 관련한 서비스도 새롭게 론칭하려고 합니다. 기후변화를 줄이기 위해서는 중고 시장이 더 성장해야 한다고 생각해요. 사람들이 제품을 더 오래 쓸 수 있도록 영감을 주고, 세계의 자원을 한층 똑똑하게 쓰는 데 기여하고 싶어요.

한국에서는 아직까지 전기 바이크는 물론 퍼스널 모빌리티가 많이 활성화되지는 않았어요. 스웨덴의 상황은 어떤가요?
스웨덴에서는 전기 모빌리티에 대한 관심이 아주 높아요. 이에 대한 많은 토론도 벌어지는데, 현재까지는 다른 나라와 마찬가지로 가격과 충전 문제에 집중되어 있죠. 그나마 다른 나라에 비해 신재생에너지가 상당히 발달해 있기 때문에 전기 모빌리티라는 옵션을 선택하는 것이 더 수월하긴 해요. 에너지 가격이 저렴하다 보니 전기 모빌리티에 대한 관심이 확실히 더 높긴 합니다. 하지만 시골 지역이 많은 긴 형태의 지형은 장애 요인이에요. 전기 모빌리티로 더 많은 사람이 넘어가려면 충전 문제를 빨리 해결해야 하죠. 그래도 도시 환경에서는 빠르면 몇 년 안에 전기 모빌리티로의 전환이 이루어지지 않을까요?

사람들이 내연기관차에서 전기차로 전환하는 선택을 하는 데 중요한 건 무엇일까요?

가격, 이미지, 그리고 충전이 중요하죠. 그중에서도 가장 중요한 건 가격이라고 생각해요. 대부분의 사람은 어떤 물건이든 구매할 때 가격을 고려하기 때문에 아무리 지구를 위한 행동을 하고 싶어도 너무 비싸면 쉽게 구매할 수 없다는 걸 잊으면 안 돼요. 따라서 지속 가능한 옵션을 더 많이 만들고 가격을 낮춰서 사람들이 접근하기 쉽도록 만드는 게 가장 중요한 해결책이자 그 자체로 큰 임팩트를 만드는 일이라고 생각해요. 현재는 내연기관차를 도로에서 밀어내는 각종 규제도 지속 가능하지 않은 경쟁을 빠르게 없애고 전기 모빌리티의 가격을 낮추는 데 도움을 주고 있어요. 더불어 기업에서는 고객이 저렴한 대신 수명이 짧은 제품을 선택하지 않도록 품질을 높이기 위한 투자를 아끼지 않고, 사람들의 인식 역시 더 가치 있는 제품에 투자하는 방향으로 바뀌어야 할 거예요.

지속 가능성을 위해서는 우리 일상을 빼놓을 수 없겠죠. 일상에서 지구를 위해 하는 작은 실천이 있다면 소개해주세요.

저는 중고 제품을 많이 써요. 많은 물건을 열심히 뒤져서 좋은 물건을 좋은 가격에 찾아내는 것 자체를 즐기죠. 이런 것을 귀찮다고 여기는 사람에게는 장벽이 될 수 있겠지만, 중고 제품과 쇼핑 서비스를 제공하는 산업은 점점 더 활성화할 거라고 생각해요. 많은 사람이 새 제품을 사는 것을 줄인다면 분명 엄청난 변화가 일어날 겁니다. 물론 저도 완벽히 엄격하게 지키고 있진 않아요. 특히 옷가지를 포함한 몇몇 물건은 매년 새로운 것을 사게 되죠. 그래도 그렇게 한번 사면 대부분은 10년, 길게는 수십 년씩 사용해요. 개인적으로 패션 쪽에서 오래 일하며 쌓은 경험과 안목이 좋은 것을 찾아내는 데 많은 도움을 주고 있고요. 이런 것들을 학교에서도 가르친다면 우리 모두 미래에 현명한 소비자가 될 수 있지 않을까요?

지속 가능성은 케이크에서
부가적인 것이 아니에요.
우리의 핵심 가치와
밀접하게 맞물려 있죠.

이건 전기
모빌리티가 현대
도시에 고요함을
주는 것뿐 아니라, 열대 사바나의 코끼리의 세상을
구할 수도 있다는 것을 보여준 아주 멋진 사례라고
생각합니다.

66

우리는 탄소 배출 없는 도시에서 살 것이다

99

EDITOR. Dami Yoo / PHOTOGRAPHER. Dongjoo Son

매일 어디론가 향하며 교통수단을
이용하는 우리에게 도로는
그 어떤 장소보다 생활과 밀접한
환경이다. 그래서 도로는 지나가는
장소이기도 하지만 도시의
정체성을 만들어내는 장소이기도
하다. 그린피스 기후 에너지
캠페이너 최은서가 친환경 자동차
캠페인 팀에 자진해 들어간 이유도
여기에 있다.

최은서

어떤 계기로 그린피스의 기후 에너지 캠페이너로 활동하게 되었나요?

원래는 역사를 전공했어요. 졸업 이후 워싱턴 엠네스티 Amnesty 지부에서 인턴으로 일했는데, 당시 세상에는 정말 많은 문제가 있고, 내가 눈감고 지나간 일들이 누군가에게는 정말 큰 어려움이라는 사실을 새삼 알게 됐죠. 또 세상의 문제를 위해 많은 시민이 활동하고 있으며, 많은 성과를 이루고 있다는 점도 목격했어요. 그때의 경험이 제게는 크게 다가와서 한국에 돌아와서는 책에 머무는 삶이 아니라 현장에서 일해야겠다는 생각을 했지요. 더 나은 삶과 인권을 위해서요.

기후 위기 문제를 인권 문제와 연결 지어 생각하네요.

인권이라는 말이 거창해 보이지만 결국 모든 사람에게 적용되는 문제예요. 기후 위기도 마찬가지고요. 다른 문제처럼 여성이나 성소수자, 장애인, 빈곤층 등 사회적 약자에게 더 잔인하게 적용되죠. 따라서 기후 위기를 해결하는 과정이 차별 문제를 해결하는 또 하나의 과정이라고 생각해요. 저 역시 여성이라는 사회적 약자잖아요. 활동가로서 기후 위기에 관심을 갖는 것에 대해서는 비단 북극곰이 살 곳이 없다거나, 있을지 모르는 제 후손이 살아갈 터전을 생각해서라기보다 저의 소수자 성을 보호받아야 한다는 이기적 생각 때문이기도 해요. 그게 바로 기후 위기와 인권을 같이 이야기하는 그린피스에 들어온 이유이고요.

그린피스의 여러 부서 중 친환경 자동차 캠페인 팀에서 활동하게 된 특별한 이유가 있나요?

저는 자동차 자체에 관심이 있다기보다는 자동차와 소비문화에 대해 어떻게 이야기할 수 있을지에 더 큰 관심이 있었어요. 자동차를 둘러싼 수많은 역사적 배경, 담론, 문화가 있잖아요. 일상과 굉장히 밀접한 분야이고요. 단순한 하나의 소비재가 아니라 다양한 상징적 의미가 담겨 있어요.

캠페이너는 어떤 일을 하나요?

캠페이너는 일단 사회문제가 무엇인지 그리고 그 문제가 왜 발생하는지, 이 문제는 누구에게 책임이 있고 어떤 사람이 어떤 일을 해야 해결할 수 있는지 등의 상황을 분석하고 프로젝트를 기획하는 역할이에요. 이 계획에 대한 아웃풋으로는 연구 보고서를 만들기도 하고, 콘텐츠를 제작하거나 미디어에 알리는 일도 해요. 그 과정에서는 전문가를 만나서 관련 분야를 익히고 그들의 목소리를 전하며 문제가 되는 이슈에 대해 시민이 참여할 수 있도록 독려하기도 하고요.

친환경 자동차 캠페인 팀에서는 구체적으로 어떤 활동을 하는지 궁금해요.

그린피스 아시아 내에서는 2019년 한국에서 최초로 교통 캠페인이 생겼어요. 석유 수요를 감축하기 위해 석유 생산량의 절반 이상을 연료로 사용하는 내연기관차를 그만 소비·생산해야 한다는 메시지가 핵심이고요. 여기에 가장 큰 책임을 지닌 대상을 보면 100년 넘게 자동차를 팔아온 자동차 기업들이에요. 저는 작년 9월에 이 캠페인의 프로젝트 리더가 되어 활동하기 시작했고, 올해는 서울 사무소뿐 아니라 베이징 사무소, 도쿄 사무소와 연계해 메시지를 점점 강하게 전달하고 있어요. 국내에서는 친환경 자동차 캠페인으로 일컫지만, 글로벌 차원에서는 드라이빙 체인지 Driving Change 팀이에요. 이전에는 현대자동차나 국내 자동차 산업을 대상으로 주로 이야기했다면 이제는 아시아를 대상으로 압력을 가하는, 조금 더 영향력 있는 캠페인이 된 거죠.

수송 분야의 탄소 제로를 위해 벌이는 그린피스 캠페인의 주요 메시지는 무엇인가요?

유엔 기후변화에 관한 정부 간 협의체(IPCC)는 2021년 8월 제6차 평가 보고서를 통해 기후 위기가 그동안 예상보다 더욱 빠르고 심각하게 전개되고 있음을 확인했어요. 국제사회와 과학계의 합의된 결론은

"즉각적이면서, 빠른 속도로, 대규모의 배출량 감소"가 필요하다는 것이고요. 이에 전 세계는 2050년 탄소 중립은 물론, 2030년 온실가스 감축 목표를 상향 조정하는 등 기후 위기 대응에 박차를 가하고 있습니다. 정부와 기업 모두 말이죠. 그린피스는 기업과 정부에 2030년 이전까지 디젤, 가솔린, 하이브리드, 플러그인 하이브리드 등 모든 종류의 내연기관 자동차 신규 판매를 금지할 것을 촉구하고 있어요. 그리고 에너지 효율이 높은 전기차 개발과 충분한 충전 인프라 확대, 공유 모빌리티 확대 및 친환경 교통 시스템을 구축하는 것에 대해 목소리를 내고 있어요.

산업을 구성하는 구조뿐 아니라 산업에 대한 문화도 천차만별일 텐데, 친환경 모빌리티에 대해 각 나라별 접근법도 다를 것 같네요.
우선 시민의 인식과 반응도 큰 차이가 있어요. 예컨대 산업화가 조금 더 일찍 진행된 독일 같은 유럽 사무소는 지난 2016년부터 포드, 폭스바겐, 다임러, BMW 등 자동차 제조사를 상대로 화석연료차 생산 중단과 친환경차로의 전환을 요구하는 캠페인을 진행해왔어요. 또 그로부터 10여 년 전에도 미세먼지나 대기오염, 건강 이슈에 대해 활발한 논의가 있었죠. 유럽 시민사회는 이러한 활동에 좀 더 개방적이고 참여도가 높은 분위기예요. 특히 독일의 경우 미디어와 시민들로부터 큰 지지를 받고 있지요. 다양한 시민 단체가 연대해 기업과 정부에 압력을 가하는 활동을 많이 하는데, 폭스바겐을 상대로 소송을 걸기도 했죠. 기후 위기에 대응하지 않는 행보로 독일 시민을 고통에 몰아넣었다는 이유로요.

국내는 어떤가요?
기후 위기에 대한 인식이 점점 확산하고 있긴 합니다. 하지만 '우리가 바꿀 수 있다'는 생각에 전반적으로 동의하지 않는 분위기가 있어요. 문제를 해결하는 데 긍정적 마음은 정말 큰 차이를 만들어내거든요. 탄소 중립을 앞당길 수 있고, 기후 위기도 대응할 수 있다는 희망적 믿음으로 산업 시스템을 바꾸고 변화를 만들어가야 하는데, 비용을 문제로 보수적 태도로 일관하며 얼마 남지 않은 시간을 쓰고 있는 모습은 정말 안타깝죠.

그린피스 서울 사무소에서는 현대자동차를 상대로 한 캠페인이 큰 화제를 모았어요.
2050년 탄소 제로를 맞추기 위해 국내 1위 글로벌 기업인 현대자동차에 "2030년 내에 내연기관차 판매를 금지하라"는 메시지를 전하는 활동을 하고 있어요. 정부에는 내연기관차 등록 중단을 가장 강력하게

이야기하고요. 자동차 평균수명 15년을 계산했을 때 2030년까지 판매하는 차량의 100%를 전기차로 전환해야 2050년에 겨우 탄소 중립을 맞출 수 있거든요. 그러나 정부에서는 2030년까지 신차의 33%만 전기차로 전환한다는 계획이고, 현대자동차는 작년에 전기차와 수소차 판매 비중을 2030년까지 전체의 25.8%, 2040년까지 78%로 늘리겠다는 느긋한 목표를 발표했을 뿐입니다. 내연기관차 판매 금지 목표도 몇 개의 해외시장에만 집중되어 있고요.

기존 자동차 산업계에선 부품 전환 비용과 고용 문제를 핑계 삼아 '속도 조절'을 해야 한다고 주장하는 중인데, 심지어 어떤 경우는 거짓 뉴스를 퍼뜨리면서 방해하는 일도 있죠.
영국기후변화위원회나 매킨지 연구소의 분석에 따르면, 전기차 비용이 낮아짐에 따라 운송 분야가 가장 적은 비용으로 탄소 중립을 달성할 수 있을 것이라고 해요. 시장이 바뀌고 있으니 궁극적으로 일자리 창출과 경제에도 이로울 거고요. 그래도 2019년 처음 캠페인을 시작할 당시에는 "그러면 현대자동차 망한다, 현대자동차가 망하면 우리나라도 망한다"는 식의 의견이 굉장히 많았는데, 이제는 전기차로 전환하는 것이 맞다는 것에 다수가 공감하고 있는 상황이에요.

공감대는 형성되었지만 가장 큰 걸림돌은 전환에 대한 비용인 것이죠?
그렇죠. 특히 일자리에 대한 걱정이 많죠. 하지만 곧 보고서로 나올 케임브리지 이코노매트릭스의 연구에 의하면 2030년 내연기관차 판매를 중단할 경우 같은 해 경제 전체에서 일자리는 3만4000개 가까이 늘어나고, 석유 수입량은 20.9% 감소하며, 국내총생산(GDP)도 증가할 거라고 해요. 저희가 말하는 2030년 이후 내연기관차 판매 금지 요구는 자의적으로 내놓는 주장이 아니라 기후 위기 1.5℃ 목표를 맞추기 위해 과학자, 기술자, 연구자의 조언과 과학적 근거를 기반으로 이야기하는 거예요.

현대자동차 사옥 앞 대형 배너에 스티커를 붙이거나 구호가 적힌 거대한 현수막을 띄워 올리며 내연기관차 판매 금지 액션을 벌였어요. 일련의 캠페인은 실제로 성과가 있었나요?
우연히 매년 9월에 이런 활동을 하게 되었네요. 언론과 시민들에게 이슈를 알리고 기업의 행동을 촉구하는 비폭력 평화 시위예요. 기후 위기를 포함한 많은 문제를 알리기 위해 창의적이고 평화적인 방법으로 메시지를 전하려고

매번 고민하는데, 어떤 사람들에겐 너무나 낯설고 격한 행동으로 보였을 거예요. 메시지보다는 행위에 초점을 맞추면 그렇게 받아들일 수 있을 거라고 생각해요. 어떤 매체는 소송으로 불거졌다는 기사를 냈는데, 그건 오보예요. 해마다 찾아가서 포스터도 붙이고 배너를 띄우는 액션을 벌이는데, 언젠가부터 현대차 쪽에서 그린피스와 더 이야기해보고 싶다며 소통의 움직임이 시작되었어요. 모든 것을 공감하고 공유하는 관계는 아니지만, 기업의 비전에 그린피스의 목소리를 전할 가능성을 본 거죠.

정부 입장은 어떤가요?

정부는 탄소 배출량을 2030년 내에 2018년 대비 40% 감축하겠다는 발표를 했어요. 그런데 2018년은 탄소 배출량이 가장 높은 해였기 때문에 이 기준으로 40%는 너무 적은 양이에요. 실질적 배출량을 계산했을 때는 평균 30%밖에 안 되고요. 2030년까지 절반은 줄여야 하는데 이런 미적미적한 계획으로는 절대 맞출 수 없는 거죠. 특히 국내 온실가스 발생량 중 가장 많은 비율을 차지하는 게 발전 분야인데, 여기엔 석탄과 천연가스가 절반 이상을 차지하는 상황이고요. 그런데 기존의 석탄발전소 가동 중단도 모자라 석탄발전소 신규 건설 계획이 여전히 추진되고 있어요. 영국의 금융 싱크 탱크인 카본 트래커 이니셔티브는 한국이 지금과 같이 석탄발전을 계속 유지할 경우 모두 1060억 달러 상당의 좌초 자산이 발생할 것으로 예상하고 있는데도 말이죠.

전기차로 전환이 이뤄지더라도 석탄발전을 멈추지 않는다면 탄소 저감률은 효과적이지 않잖아요?

맞아요. 그래서 전기차 전환과 에너지 전환은 함께 풀어나가야 할 문제입니다. 현재 국내 상황으로는 재생 가능 에너지가 정말 적은 비율로 사용되고 있고, 석탄발전소가 가장 많은 양의 탄소 배출량을 차지하고 있어요. 국책 연구 기관인 에너지경제연구원과 한국에너지기술연구원에 따르면 재생에너지만으로 우리나라가 1년간 사용하는 전력량을 전부 생산할 수 있다고 해요(2017년도 기준, 1년간 사용량은 576TWh 이며 생산 가능한 전력량은 787TWh이다). 그중 태양광발전으로만 한 해 전력 사용량의 75.4%를 생산할 수 있고요. 이것은 우리나라에서 이용 가능한 일사량, 토지량, 기술 수준, 경제성 등을 모두 고려해 계산한 거예요. 태양광을 설치하기 적합하지 않은 지역을 제외한 토지에서도 이만큼의 전력을 생산할 수 있다는 의미죠. 또 건물 옥상, 벽면 등을 활용하는 것만으로도 한 해 전력 사용량의 10% 이상을 발전할 수 있고요.

전기 사용은 점점 늘어날 텐데, 재생에너지로 전력 사용량을 모두 충당할 수 있을까요?

풍력발전 등 기타 재생에너지원을 모두 활용하면 한 해 전력 사용량보다 1.36배 많은 전기를 생산할 수 있다고 합니다. 태양광 패널은 유효 공간이라면 어디에나 깔아놓을 수 있다는 장점이 있어요. 또 전력이 가장 많이 만들어지는 시점에 그 전력을 저장해서 정말 필요한 시간과 장소에서 사용할 수 있으니 그 체계를 빨리 구축하면 되거든요. 이에 에너지 효율이 좋은 전기차는 에너지 저장 장치로도 사용할 수 있어요. 차를 사용하지 않을 때는 전기를 만들어 수익을 올릴 수도 있고요. 이렇게 전기차 전환과 재생 가능 에너지 개발이 함께 가야 한다는 주장은 많은 보고서와 연구로 확인된 바 있습니다.

최근 그린피스에서 공개한 친환경 자동차 현황에 대해 분석한 보고서도 인상적이었어요.

주요 10대 자동차 기업이 전 세계 자동차 판매량의 80% 이상을 차지하고 있어요. 이 기업이 탈내연기관 자동차와 전기차 전환에 얼마나 몰두하고 있는지 분석한 보고서인데요, 20여 개 브랜드에 A부터 F까지 등급을 매겼는데 가장 높은 점수가 C-, 나머지 기업은 모두 그 아래예요. 7개 기업은 낙제를 받은 상황이고요. 일부러 낮은 점수를 매긴 게 아니라 객관적 항목으로 판단한 수준이었어요. "2030년 내 내연기관차 판매 중단 계획이 있는가? 공장 내 탈탄소를 위해 어떤 조치를 취하고 있는가?" 등이에요. 많은 기업이 친환경 요소를 부각해 브랜딩하고 있지만 실제로는 굉장히 미흡한 수준으로 다루고 있다는 점을 알 수 있어요.

기업 광고와는 꽤 많이 다른 모습이네요?

광고라면 특히 할 말이 많죠.(웃음) 자동차 광고를 보면 성공의 척도를 상징화하는 경향이 다분해요. 여러 대를 운영하거나 신차에 예민하게 반응하는 사람들은 얼리 어답터라는 이미지로 읽히죠. 저는 이렇게 "네가 타는 자동차가 너를 대변한다"는 식으로 메시징하는 것은 위험하다고 생각해요.

전기차의 경우 '힙한 사람의 상징'처럼 읽히기도 하잖아요.

자동차로 자신을 표현하면 도로 위 자동차는 더 많아지겠죠. 저희가 말하고 싶은 건 무조건 거리의 모든 자동차를 전기차로 바꾸자는 게 아니에요. 실제로 내년 상반기가 되면 국내 등록 차량이 2500만 대가 된대요. 국민 2명당 한 대 이상을 소유하고 있다는 것이죠. 자동차가 차지하는 도시의 공간, 자동차에 소요되는 수많은 에너지를 계산해보면 자가용은 효과적인 이동 방법이 아니에요. 도로에 있는 자동차 대수를 줄이는 것이 중요해요.

전기차 전환도 중요하지만 결국 지금까지 살아온 방법 자체를 바꿔야 한다는 뜻이네요.
분명히 해야 할 것이 있는데, 저희는 전기차를 사고 타라는 메시지를 전하는 게 절대 아니에요. 전기차는 자가용의 대안이고, 우리는 더욱 다양한 교통 서비스를 통해 자동차로부터 자유로워지는 것이 필요하다고 생각해요. 대중교통을 이용하고, 공유 서비스나 소형 모빌리티를 이용하는 것이 될 수 있겠죠. 자가용 없이 사는 생활의 대안을 고민하는 것이 필요해요. 팀명이 '드라이빙 체인지'인 이유인 거죠. 다시 한번 말하지만, 저희는 전기차를 사고 타라는 메시지를 전하는 게 아니에요.

정부, 기업, 시민 모두의 참여를 촉구해야 하는 상황이군요.
저는 우리가 지금까지 환경을 진지하고 도덕적이며 윤리적인 영역으로 다뤘기 때문에 사람들의 공감을 충분히 이끌어내지 못했다고 생각해요. 정부 차원 역시 가장 중요한 일은 경제와 산업 발전 이야기였고, 환경은 그것의 발목을 잡는 영역으로만 인식되었잖아요. 그러나 지금의 기후 위기 상황에서는 탄소를 저감하는 산업이라든지 전기차를 중심으로 하는 새로운 기술 등 친환경 산업 모델이 곧 산업 경쟁력이라는 사실을 모두가 이해하고 있어요. 기업 역시 환경을 생각해서 전기차를 만든다기보다는 전기차를 팔 수밖에 없는 상황이 되었기에 전환하고 있는 것이고요. 환경과 경제가 함께 가야 하는 상황이기 때문에 우리가 어떤 것을 포기하고 불편을 감수해서 이뤄내는 것이 아니라고 말하고 싶어요. 에너지 전환도 속도를 내야 하는데, 일시적 비용이 겁나서 차일피일 미루면 그 피해는 결국 우리가 지게 됩니다. 딜로이트 경제연구소는 한국이 기후 위기에 적극 대응할 경우 2070년까지 반세기 동안 2300조 원의 경제적 이익을 얻는 반면, 미흡하게 대처하면 약 935조 원의 누적 손실을 입을 거라고 분석했어요.

전기차를 탐으로써 탄소 배출량을 줄이고 신재생에너지로 전환하는 것이 환경은 물론 결국 개인에게도 직접적으로 이로운 일이라는 거죠?
실제로 2030년까지 전기차 전환을 이루었을 때 석유 수입에 대한 의존도가 굉장히 줄어들고, 가계의 자동차 유지 비용도 줄어들어요. 또 이렇게 절약한 비용을 다른 산업과 서비스에 투자해 일자리를 마련할 수도 있죠. 이러한 내용을 담은 보고서를 곧 발행할 예정이에요. 이

연구는 그린피스의 메시지가 비단 도덕적 책임을 꾸짖거나 경제 발전에 반하는 내용이 아니라, 환경 이슈가 경제의 현실이고 우리가 걱정하는 일자리·고용 문제를 모두 관통하고 있다는 점을 말하고 있어요.

2050년 넷 제로를 위한
그린피스의 엄중한 외침

2021년 현대차 탈내연기관 선언 촉구 액션
DRIVE CHANGE TEAM'S HYUNDAI SNAIL BALLOON BANNER IN SEOUL
9월 서울 여의도 한강 변에서 현대자동차의 재탕 수준인 탈내연기관 발표와 현실과는 거리가 있는 수소 사회 비전을 비판하는 풍선 퍼포먼스. 달팽이 풍선에 매달린 커다란 현수막에는 "불타는 세계, 수소에 빠진 느림보 현대", 영문으로는 "TOO SLOW TO SAVE THE CLIMATE, NO GASOLINE NO GRAY HYDROGEN(이렇게 느려서는 기후를 구할 수 없다. 내연기관차와 그레이 수소 중단하라!)"라는 메시지를 적었다. 현대자동차는 2035년 유럽, 이어 2040년 주요 시장에서 내연기관차 판매를 중단하고, 2045년 탄소 중립을 실현하겠다면서 수소차 비전을 발표했다. 하지만 그린피스는 2030년까진 전 세계 시장에서 내연기관차 판매 금지를 이루어야 하며, 에너지 효율도 낮은 수소차에 한눈팔 여유가 없다고 강조했다.

© Greenpeace

2021년 삼성전자 재생 가능 에너지 사용 캠페인 및 액션
RE100 RACE COMPETITION IN SEOUL OF MAJOR ICT COMPANIES IN EAST ASIA

그린피스는 한·중·일 30개 ICT 기업의 기후 위기 대응과 재생에너지 사용 노력을 총괄적으로 조사 및 평가한 보고서를 발표했다. 조사 대상은 2019년 <포브스> 선정 100대 디지털 기업에 포함된 회사 중심이었으며, 경제적 위상과 사회적 영향력을 고려해 국가별로 10개씩 선정했다. 평가 결과, 조사 대상 30개 기업 중 B 이상의 성적을 받은 기업은 한 곳도 없었다. 삼성전자, 샤오미, 소니 등 주요 ICT 기업은 매출이나 브랜드 인지도에서는 글로벌 기업으로 평가받고 있지만, 탈탄소 경쟁력은 글로벌 수준에 크게 못 미친 것으로 나타났다. 특히 글로벌 선두권 기업인 삼성전자는 기대와 달리 미국, 유럽, 중국을 제외한 나라에서는 재생에너지 100% 사용 목표조차 없는 것으로 확인됐다. 2018년 그린피스와 전 세계 시민 5만여 명의 요구로 삼성전자는 미국·유럽·중국 전 사업장에서 100% 재생 가능 에너지 사용을 약속했다.

2021 글로벌 10대 자동차 회사 친환경 평가 보고서

전 세계 자동차 시장에서 점유율 80%를 차지하는 10대 자동차 기업의 온실가스 감축을 위한 공약과 이행 현황을 살펴보고, 기업이 온실가스 배출을 줄이기 위해 효과적인 조치를 취하고 있는지 평가한 보고서다. 2020년 글로벌 판매량 기준 상위 10개 자동차 제조업체인 토요타, 폭스바겐, 제너럴 모터스(GM), 스텔란티스, 현대·기아, 혼다, 포드, 닛산, 르노, 다임러를 대상으로 한 친환경 평가 결과가 담겨 있다. 그린피스는 내연기관차 생산 중단 및 전기차 전환(종합 평점 계산 시 가중치 80%), 부품 공급망 탈탄소화(종합 평점 계산 시 20% 가중치), 자원 지속 가능성(가점), 문제점(감점) 등 크게 4개 항목에서 자동차업체들의 친환경 실적과 계획을 평가했다.

© 손동주

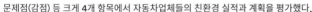

© Greenpeace

2021 독일 폭스바겐 캠페인 및 액션
ACTIVISTS BRING 1500 CAR KEYS FROM VOLKSWAGEN TO THE ZUGSPITZE

그린피스는 생산량의 90% 이상이 내연기관차인 폭스바겐에 2030년까지 내연기관차 생산을 중단하고, 2018년 대비 탄소 배출량을 65% 감축할 것을 요구하고 있다. 2021년 5월에는 20여 명의 활동가가 폭스바겐의 주요 수출입 항구인 엠덴에서 자동차 기업의 탈내연기관 액션을 벌이고, 주된차된 자동차 1500대의 열쇠를 '빌려' 기후 위기로 계속 녹아내리는 국경 인근의 빙하로 가져가 기름이 흘러내리는 모양의 로고 배너를 만들었다.

지금도 여전히 도로 위에는 2000만 대의 차가 내달리며 매연을 내뿜는다

PEOPLE

EDITOR. Dami Yoo / PHOTOGRAPHER. Dongjoo Son

그렇다면 우리는 이 차들이 수명을 다할 때까지 그냥 기다려야만 할까? KAIST 조천식녹색교통대학원 교수이자 제주도 친환경스마트자동차 연구센터장으로 활동하는 장기태는 바로 여기에서부터 자신의 연구를 시작했다. 이동 환경이 곧 시민의 행복도와 연결되어 있다고 말하는 그는 지금까지 '이동'에만 초점을 맞춰 위기를 맞게 된 우리의 현실을 되돌아보게 한다.

장기태

10년째 조천식녹색교통대학원 교수로 재직하고 계십니다. 학교 이름도 특별한데요, 어떤 곳인가요?

한국정보통신 회장과 은행감독원 부원장을 지내셨던 고 조천식 님이 재산을 기부해 만든 카이스트의 학과입니다. 우리가 가진 교통 문제를 해결했으면 좋겠다는 취지에서 기부하셨어요. 2010년에 개원해 이제 10년이 됐네요. 어떻게 하면 더 나은 교통 시스템을 마련할 수 있을지 사회적인 제도부터 기계, 전기, 전차, 교통공학 등 교통과 도로에 관한 연구를 하는 곳입니다. 그중 저는 지속 가능한 교통 시스템을 연구하는데요, 크게 네 가지 측면으로 접근합니다. 안전성, 경제성, 친환경성, 그리고 교통 혼잡 문제를 해결하는 것이죠.

도로 교통의 친환경성에 대한 연구는 어떤 방향으로 이루어지고 있나요?

대기오염을 줄일 수 있는 방법과 도로 교통 시스템에 주목합니다. 현재 2000만 대 이상의 내연기관 차량이 여전히 국내 도로를 주행하고 있죠. 내연기관차는 화석연료를 운동에너지로 바꿔주는 엔진이 자동차마다 각각 들어가 있는 거예요. 내연기관차가 비효율적이고 친환경적이지 않은 이유죠. 반면 발전소에서 대량생산한 전기를 바로 사용하는 전기차는 배출가스가 덜 발생하고 에너지 효율도 좋습니다. 이렇게 환경적 측면에서는 전기화가 맞아요. 그리고 교통 혼잡으로 인해 발생하는 대기오염 물질 또한 상당하기 때문에 교통 혼잡 문제를 해결하는 것도 함께 고려합니다. 특히 불필요하게 이용하는 차량을 줄이고 대중교통을 더 많이 이용할 수 있는 시스템이 중요하죠.

내연기관차를 하이브리드 차량으로 개조하는 것을 중점적으로 연구하고 계시죠. 그 계기가 궁금합니다.

다른 교수님들과 함께 전기화에 대한 실질적이고 융합적인 솔루션을 내는 과업이 있었어요. 현재까지는 보조금과 각종 혜택을 통해 새로운 전기차를 보급하는 식으로 전기화가 진행되는 상황인데, "지금 도로를 달리고 있는 2000만 대 이상의 내연기관차는 그 수명이 다할 때까지 기다려야 하는가?"라는 질문이 시작이었죠. 사실 카이스트에서는 이 문제에 대해 꽤 오랫동안 연구를 해왔고, 1톤 미만의 디젤 트럭을 하이브리드로 전환하는 프로젝트를 진행하고 있었어요.

소형 디젤 화물차에 초점을 맞춘 특별한 이유가 있나요?

총 350만 대의 화물차 중 300만 대가 소형 화물차예요. 그리고 적재 중량 1톤 미만의 소형 화물차는 대부분 경유를 사용하고 수동 기어인 경우가 많아요. 이럴 경우 도심지를 주행하는 경유 차량의 경우 저속에서 가다 서다를 반복하기 때문에 훨씬 많은 양의 배기가스가 배출되는데 반해 저렴한 가격에 고출력을 얻을 수 있다는 장점 때문에 더 많이 사용하고 있죠. 무엇보다 소형 화물차는 도심지나 동네에서도 운행하며 우리의 일상생활에 밀접한 영향을 주고 있어요. 그만큼 시민들이 소형 디젤 화물차로 인한 대기오염에 노출되고 있다는 거죠.

하이브리드 차량으로 개조했을 경우, 탄소 배출량이 얼마나 줄어드나요?

연비는 30~40% 증가하고 배출가스는 20~30% 감축하는 효과가 있어요. 기존 엔진에 전기모터를 추가하는 식이라

자동차의 출력도 좋아지죠. 특히 회생제동 시스템으로 엔진이 도는 동안 운동에너지를 전기에너지로 만들기 때문에 충전 없이 운행할 수 있는 점도 큰 장점이에요. 연비를 줄이고 에너지를 효율적으로 사용할 수 있는 시스템인 거죠.

이 연구는 현재 어떤 단계에 있는지 궁금합니다. 당장 적용할 수 있으면 좋을 텐데요.

기술 개발을 완료했고 안정성 확인 검사까지 통과한 상태입니다. 이 기술을 상용화하고 영업용 화물 차량에 적용하려면 꼭 통과해야 하는 검사인데요, 이렇게 차의 엔진을 포함한 구동계를 개조할 경우에는 그 절차가 특히 까다롭습니다. 번호판을 달고 자동차보험에도 가입하려면 꼭 필요한 과정이죠. 그리고 이제 사업자가 사업화하는 부분만 남아 있는 상태입니다.

상용화를 위해서는 이 개조 기술을 실제로 적용할 수 있는 인력과 기업이 필요하겠네요?

지금부터는 자동차와 관련된 제조 회사가 나서야겠죠. 또 내연기관차 계열의 부품 제조사도 함께해야 하고요. 특히 개조 기술은 소형 자동차 정비공업사에서도 실행할 수 있도록 보급되어야 하고요. 최근 내연기관차 생산이 줄어들면서 기존 자동차 산업계에 큰 타격이 왔잖아요. 실제로 폐업률이 5% 정도에 달하고 있어요. 이 수치는 향후 더 늘어날 테고요. 만약 하이브리드 개조 사업을 이들이 수행한다면 지금 존재하는 차종을 통해 생계를 유지하면서 현재 피해 산업군과 상생할 수 있는 방안이 될 수 있을 겁니다.

기술적으로 완성되었더라도 이를 뒷받침할 바운더리가 필요한 상황이군요.

우선 정부의 지원이 전적으로 필요해요. 환경이라는 것은 공공의 영역이잖아요. 지금까지 환경이라는 가치에 대해 누구도 비용을 지불하지 않았는데, 이제 그 환경을 '소비'해야 하는 상황인 거죠. 소비자 입장에서는 아직 이를 받아들이기 어려운 상황이고요. 전기차 구매자에게 보조금을 지급하는 제도가 전기차 보급률을 높인 것처럼 디젤 화물차를 하이브리드로 개조하는 데도 매력적인 지원이 필요해요. 보조금을 원활하게 지원하고 기업에서도 이 기술을 통해 수익을 보장할 수 있다고 판단할 수 있을 때 하이브리드 개조가 상용화될 것으로 봐요. 카이스트가 기술 개발과 함께 보조금 지원 정책에 관해서도 의견을 내고 있는 상황이긴 하지만 아쉽게도 확답을 받은 상태는 아니에요.

제주도에 위치한 KAIST 친환경스마트자동차연구센터의 센터장으로도 활동하고 계세요.

친환경스마트자동차연구센터는 제주도 국제자유도시개발센터가 산업 육성 차원에서 설립한 곳인데, 카이스트가 위탁 운영하고 있어요. 학과의 벽을 허물고 적극적으로 융합 연구를 진행하는 기회로 활용하고 있죠. 이를테면 하이브리드 트럭 연구, 자율 전기차 기술 개발 등 미래 모빌리티에 대한 연구죠. 또한 배터리 충·방전 시험이나 모터의 에너지를 모사하는 애뮬레이터 등 자동차를 구성하는 각 부분을 실험하고 테스트할 수 있는 설비가 잘 마련되어 있어 실용적인 연구도 많이 이뤄지고 있습니다. 모빌리티 관련 중소기업이나 스타트업, 인큐베이팅 기업이 모여서 그들의 아이디어를 실행할 수 있는 장소이기도 하고요.

제주도가 친환경 모빌리티에 대한 테스트베드로 활용된다는 점이 특별합니다.

일단 70만 인구가 살고 있는 독립적 환경이라는 게 가장 큰 매력이죠. 외부 요인이 제어된 상황에서 여러 가지 기술을 테스트할 때 그 결과를 눈에 띄게 확인할 수 있어요. 서울 같은 대도시에서 아주 많은 사람을 대상으로 실험하는 것도 좋지만, 관광객이 매년 1500만 명이나 오가는 제주도는 향후 시스템이 확산되었을 때 사람들이 유연하게 적응할 수 있다는 장점도 있죠. 또 최근에는 제주도에 혁신 도시가 마련되었어요. 나라의 균형 발전을 위해 전국 10개 지역을 선정해 정부 기관을 이전한 사업인데, 이곳에서 퍼스널 모빌리티나 자율주행 셔틀, 전기차 공유 시스템 등 새로운 모빌리티 기술을 실험 중이에요. 새로운 교통 시스템을 만들면서 연구한 내용을 적용해볼 수 있는 기회죠.

제주도 차원에서 진행하고 있는 전기차 관련 사업이나 연구는 무엇이 있나요?

제주도에서는 새로운 모빌리티 산업을 육성하는 데 많은 에너지를 투자하고 있어요. 카이스트에서 개발한 기술을 실용화하는 데에도 적용하고요. 이러한 협력을 시작으로 중소기업과 연계해 사업을 확장하고 있는 단계라고 보시면 돼요. 스마트 모빌리티 서비스나 자율주행 기술, 내연기관차 개조 기술 등에 주력하고 있는 상황이죠.

제주도에는 특히 전기차가 많잖아요. 전기차 충전소나 관련 인프라가 중요할 것 같은데, 그중에서도 제주도의 청정 자연을 활용한 전기차 인프라로 주목할 만한 것이 있을까요?

제주 동쪽 구좌읍 행원에 대표적인

행원마을풍력발전단지가 있어요. 그러나 아직 재생에너지의 전기 발전량이 일정하지 않고 중앙 집중식으로 관리하고 있기 때문에 가동을 멈추는 경우가 많아요. 각 발전기에서 확보한 에너지를 바로 전기차 충전에 사용하는 게 아니거든요. 먼저 한전에 전기를 보내고, 충전은 중앙 그리드를 통해 이뤄지는 거죠. 궁극적으로는 분산 에너지를 추진해야 가능해요.

분산 에너지 시스템을 확보해야 전기차 충전에 재생에너지를 직접적으로 사용할 수 있다는 말씀이군요.

화력발전의 경우 필요에 따라 전기를 생산할 수 있지만, 재생에너지는 컨트롤할 수 없어요. 바로 즉시 사용하거나 저장해야 해요. 거대한 에너지 저장 장치가 필요한 거죠. 저장이 불가한 상황에서는 전기 생산과 사용의 흐름이 일정해야 하는데 그렇지 못하니 중앙에서는 일정량을 넘어가면 발전기를 멈추게 해요. 과부하가 걸려 정전이 될 수도 있거든요. 이렇게 출력 제한이 걸리면 재생에너지 회사는 발전기를 돌릴 수 없고, 수익을 내지 못하는 상황이 되는 거죠. 그래서 재생에너지를 효율적으로 저장하고 관리할 수 있는 시스템과 시장이 형성되어야 해요. 제도적으로 규제를 완화해야 할 필요도 있고요.

생산된 재생에너지를 효율적으로 사용하기 위한 저장 장치 역시 중요하다는 뜻이네요.

네. 우리나라는 LG화학, 삼성SDI, SK이노베이션 같은 기업이 전 세계 배터리 산업을 선도하고 있어요. 굉장한 강점인데, 그 에너지를 잘 운영할 수 있도록 제도를 마련하는 게 필요해요. 특히 이동식 에너지 저장 장치는 앞으로도 엄청나게 각광받을 분야이고, 이로 인해 파생되는 분야 역시 아주 많기 때문에 잠재력 있는 영역이에요. 스타트업 중에서는 현재 제주스마트자동차연구센터 인큐베이팅 사업에 참여하고 있는 이온어스가 활약하고 있어요. 이동형 에너지 저장 시스템 보관 장치를 개발하는 곳이에요.

친환경 모빌리티 분야의 연구 전망은 어떻게 보시나요?

이동이라는 것은 우리 인류가 존재하기 시작한 후로 계속된 활동이잖아요. 자신의 거주지에서 얼마나 멀리, 빠르게 이동해서 활동하느냐는 사회와 경제 발전의 역사와 함께했어요. 교통은 물리적 연결을 가능케 하는 수단이고요. 연결이 중요한 이유는 행복과도 긴밀하게 연관되기 때문이죠. 그래서 복지와도 관계가 있고요. 고령이 되면 이동성이 떨어지면서 생활 반경이 줄어드는데, 이동하는 데 소외되는 계층이 없도록 시스템을 마련하는 것이 사회적 역할이라고 봐요.

환경문제도 마찬가지고요.

이 분야를 연구하면서 학자로서 느끼는 매력은 무엇인가요?

교통 문제는 우리가 문제를 찾아 정의하기보다는 사회가 그 문제를 정의해서 저희한테 주는 거예요. 그럼 우리는 그 사회의 구성원들이 필요한 내용, 겪고 있는 문제를 잘 파악해서 솔루션을 만들고 사회에 적용시키는 일을 하죠. 교통 분야는 이러한 구조로 연구가 시작되기 때문에 어떤 문제가 정의될지 모르고, 계속 연구할 수 있는 영역이 발생하는 분야라는 점이 매력적이에요.

일주일에 한 번 제주도를 오가신다면서요? 제주도가 2030년까지 탄소 중립을 달성하기 위해 활발하게 움직이는데, 수송 분야만큼은 가능할까요?

현재 추세로는 어렵다고 판단됩니다. 공공 분야의 정책적 노력과 지원도 중요하지만 이를 사용하는 시민들의 역할도 중요하거든요. 전 세계적으로 수송 분야에서 대량의 온실가스가 배출되는데, 기술적인 측면 외에도 사회적, 경제적, 정책적 측면에서 다각도로 접근해야 괄목할 만한 목표를 달성할 거라고 봐요.

2030년 제주도가
탄소 없는 섬이 될 가능성

1.

그린과 뉴딜 사이의 제주도

인구 70만 명 서울 면적의 3배, 연평균 1500만 명이 방문하는 아름다운 섬 제주는 2012년부터 '2030 탄소 없는 섬'을 선언하며 각 분야별 친환경 사업을 진행해왔다. 도내 전력 생산의 100%를 신재생에너지로 대체하고 탄소 배출량을 0으로 만드는 것이 궁극적인 목표. 가장 많은 탄소를 배출하는 교통 분야부터 개선하기 위해 전기차를 적극 보급하고 배터리 재활용·재사용 센터와 친환경 자동차 연구 기관을 설립하는 등 노력해왔다. 전기차 분야의 발전을 위해 지원을 아끼지 않는 정책을 인정받아 전기차 규제 자율 특구로 지정된 것은 고무적인 일이다. 한편 제주도는 2020년 제주형 뉴딜 종합 계획을 발표하며 전기차 산업을 지원하고 2030년까지 도내에서 내연기관차를 퇴출하기로 했다. 아울러 분권 에너지 시스템을 강구하겠다는 메시지도 전했다. 제주도 그린 뉴딜에 투입되는 예산 규모는 약 6조1000억 원. 돌, 바람, 여자로 대표되던 '제주 3다'가 어느새 쓰레기, 자동차, 미세먼지가 되어버린 지금, 온실가스 배출 없이 경제 회복과 혁신 성장 동력을 마련할 수 있을지 그 귀추가 주목된다.

2.

전기차가 달리는 제주도

모빌리티 분야 혁신의 테스트베드로서 톡톡한 역할을 하는 제주도는 2013년 전기차가 국내에 처음 보급되기 시작할 때부터 적극적인 움직임을 보여왔다. 2021년 11월 기준으로 제주도 전기차 등록 대수는 국내 총 전기차 등록 대수 37만9027대 중에서 6%인 2만4931대를 기록했다. 제주도에 등록된 자동차의 6.2%가 전기차다. 가장 많은 비율을 차지한 차량은 택시 20%, 관용차 20%이며, 렌터카 8%, 영업용 버스와 화물차가 각 5.5%다. 전기차 충전기는 정부와 지자체 그리고 민간 사업자가 설치한 개방형 충전기 4780기와 개인용 충전기 1만4422대, 총 1만9202기를 운영 중이다. 그러나 현재의 이 수치로는 2030년까지 탄소 없는 섬이 될 수 있을지 의문. 실제로 전기차 보급에 따른 지원금이 점점 줄어들고 있으며 내연기관차 역시 함께 늘어나고 있다는 분석도 있다.

3.

친환경 모빌리티 도시를 만드는 KAIST 친환경스마트자동차연구센터

KAIST 친환경스마트자동차연구센터는 제주국제자유도시개발센터와 카이스트의 협력으로 운영하는 모빌리티 산업 육성 기관이다. 디젤차를 전기화할 수 있는 하이브리드카 개조 연구를 비롯해 자율주행, 충전 플랫폼, 배터리 등 전기차 산업 분야의 미래를 만들 스타트업을 인큐베이팅하는 것이 이곳의 주된 역할이다. 카이스트의 기술과 전문성을 기반으로 제주도 내 기업과 연계해 네트워크를 마련하고 기술 개발, 예산 확보, 실증, 상용화가 이뤄질 수 있도록 산업 전반을 서포트하는 것. 친환경 모빌리티 분야를 이끌어가는 체인지메이커들의 성장을 위한 거점이다.

4.

시민과 함께 연구하는 스마트 모빌리티

제주혁신도시는 스마트 모빌리티 리빙 랩을 조성해 전기차, 자율주행, 퍼스널 모빌리티, 카 셰어링 서비스 등에 관한 교통 혁신 연구를 시민들이 생활에서부터 실험하고 적용할 수 있도록 바운더리를 마련했다. 도내 유망 기업들이 미래 기술을 실증하고 시민들의 의견을 적극 반영하는 모빌리티 서비스를 개발하는 기회가 될 전망. 제주도의 친환경 모빌리티 산업 생태계의 미래가 기대된다.

5.

재생에너지로 자립하는 도시

제주도는 바람이 많이 불고 바다로 둘러싸인 지형인 만큼 재생에너지 개발에 적극적이다. 1970년대부터 풍력발전기를 설치해 가동하기 시작했고, 2000년대부터는 풍력발전을 통한 전력 보급 목표를 설정했다. 2012년에는 제주에너지공사를 설립하고 2030년까지 풍력과 태양광으로 전력을 100% 공급하겠다는 정책을 발표했다. 재생에너지 발전이 도민 소득으로 이어질 수 있게끔 마을 단위로 풍력발전소를 설립하기도 했다. 현재는 재생에너지 비중이 크게 증가해 강제로 발전 가동을 멈추게 하는 출력 제약이 자주 일어난다. 기후와 시간에 따라 발전량의 차이가 있고 전력 공급이 수요보다 많아질 때 전력망에 과부하가 걸리기 때문이다. 남는 전력을 육지로 보내거나 대용량 에너지 저장 장치를 통해 전력을 효과적으로 관리하는 시스템이 필요한 상황이다.

6.

남은 시간 8년, 탄소 없는 섬이 될 수 있을까?

천혜의 자원을 보호하고 대표적 친환경 지자체로 발돋움하겠다는 제주도의 노력은 꾸준히 이어져왔다. 하지만 이와 별개로 지난 10년간 민간 항공 분야의 도로 수송 온실가스 배출량이 2배 넘게 증가했다는 자료도 있다. 이와 함께 변화하는 제주도의 생태 환경은 기후 위기의 심각성을 여실히 보여준다. 제주 2공항 건설, 비자림로 개발 등 탄소 절감과는 거리가 먼 개발 사업이 벌어지고 있는 상황을 따져보지 않을 수 없다. 많은 관광지가 그렇듯 편의를 위한 도시 발전과 환경 보존의 균형을 맞추는 것은 딜레마에 가까운 일이다. 하지만 기후 위기 상황에서 우선순위를 꼼꼼히 따져보지 않더라도 우리가 가야 할 방향성은 분명하다.

작은 데서 시작하는 전기차

PEOPLE

EDITOR. Seohyung Jo / PHOTOGRAPHER. Dongjoo Son

여행 작가 김지선은 12평 빌라에서 남편과 세 마리 고양이와 함께 산다. 6.5평 크기의 독립 서점을 운영하고 초소형 사륜 전기차 트위지를 탄다. 트위지는 냉방과 난방이 되지 않는다. 사계절이 뚜렷하고 여름과 겨울이 혹독한 우리나라에서 그런 차를 탈 수 있을까? 3년째 트위지로 출퇴근하는 지선은 "옵션은 그저 옵션일 뿐 필수가 아니다"라고 말한다. 그는 불필요한 것까지 필요로 하지 않는 가뿐한 삶을 산다.

김지선

'질문 사절'이라는 쪽지를 붙이고 다니는 트위지 사진을 인터넷에서 본 적이 있어요. 워낙 특이하게 생겨서 질문에 많이 시달리는 것 같아요.

신호에 걸리거나 잠깐 길에 서 있으면 질문받을 때가 많아요. 외모 때문에 장난감처럼 생각하기 쉽잖아요. 이게 차냐, 1인승이냐, 얼마냐, 운전면허가 있어야 하느냐고 묻기도 해요.

트위지를 주제로 글을 쓰고 있는데요, 질문에 답변하다가 글까지 쓰게 된 건가요?

자동차를 주제로 한 다음 책을 준비하고 있어요. 내일 인쇄가 들어가요. 여자 여섯 명이 각자 자기 차 얘기를 에세이로 엮은 거예요. 같이 책 작업하는 분들도 트위지는 다들 궁금해하더라고요. '특이한 차를 탄다고 특이한 사람은 아니거든요'라는 제목의 글을 쓰다가 이참에 아예 연재를 해보자 싶었어요. 원래는 브런치 북 프로젝트에 제출하려던 건데, 기간을 못 맞춰서 그냥 넉넉하게 올해 안에만 마무리하자고 생각하며 천천히 계속하고 있습니다.

자동차에 관심이 많은가 봐요? 평소에도 자동차 시승을 자주 한다고 들었어요.

차에 관심이 많아요. 브런치를 하기 전엔 블로그를 열심히 했어요. 여행 콘텐츠로 파워 블로그 인증을 받은 덕에 시승 문의가 많이 와요. 제 차로는 고속도로를 탈 수 없으니까 지방에 갈 일이 있으면 아예 시승 일정에 맞춰서 가기도 해요.

오늘 사진을 찍은 포토그래퍼도 그걸 궁금해했어요. 트위지를 타고 어디까지 갈 수 있나요?

여기 화곡동 기준으로 강남 정도 왕복은 해요. 올림픽대로를 탈 수 없는 대신 시내 운전을 고려하면 강남이 딱 맥시멈이에요. 잠실은 좀 빠듯하고요.

충전한 전기가 빠듯하다는 건가요?

완충하면 60km 정도 이동할 수 있다고 해요. 브레이크나 액셀을 안 밟으면 주행거리가 더 늘어나요. 평소엔 80km 거리까지도 충분한 것 같아요.

집도 서점 근처라고 들었어요. 화곡동을 선택한 이유가 있나요?

제가 여기 화곡동에서 태어났어요. 그래서 이 동네를 기준으로 책방과 집을 구했지요.

그럼 출퇴근을 늘 트위지로 하는 거예요?

서점은 양천구고 집은 강서구로 분류되어 있지만, 거리는 왕복 2km 정도예요. 제가 걷는 걸 너무 싫어해서 처음엔 차를 타고 다녔어요. 트랙스가 있었는데, 집이랑 서점 사이에 주유소도 없고, 근처가 다 어린이 보호구역이라 여러모로 불편하더라고요. 그래서 전동 킥보드를 샀어요. 차보다 간편하긴 한데, 비가 오면 탈 수가 없어요. 짐을 실을 데도 없고요.

짐이 많은 서점 주인에게 킥보드 출퇴근은 무리였겠네요.

네. 접이식 자전거 브롬톤이 있긴 한데, 페달을 굴리는 것도 귀찮을 때가 있어요. 전기로 움직이는 것 중 작은 걸 고민했더니 트위지가 있더라고요.

리뷰를 보니 트위지는 호불호가 많이 갈리던데, 사기 전에 우려가 많진 않았나요?

저는 킥보드에서 트위지로 온 거라서 장점이 먼저 눈에 들어왔어요. 경차나 오토바이도 고려해봤는데, 앞서 말했듯 주유소가 없어서 전기 충전식을 원했고, 이왕이면 책이 비에 맞지 않게 뚜껑이 필요했어요. 굳이 그때 한 걱정을 꼽아보자면, 외제차라 보험료가 비싸다는 거? 근데 그마저도 정부 보조금을 받으면서 해소됐어요.

얼마에 구입했는지 궁금해요.
근처 르노 대리점에서 중고로 샀는데, 일시불로 결제할 수 있는 수준이었어요. 보조금 받아서 350만 원. 실적 때문에 가지고 있다가 내놓았다고 하더라고요. 그때 대리점에 트위지가 두 대 있었는데, 한 대는 직원분 거예요. 청라 신도시에서 여기까지 출퇴근하는데, 매장에서 충전해 다닌대요. 화장실 콘센트에 연결하면 서점에서도 충전할 수 있으니까 이거다 싶었어요. 부담 없는 가격에 실용성까지 갖춰 고민할 필요가 없었죠.

전기차로 분류되어 보조금이 나오는 거죠?
네, 정확히는 전기차 경차로 분류돼요. 공영 주차장과 톨게이트 비용은 늘 50% 할인받을 수 있고요.

세금 혜택도 있나요?
전기차 기준으로 연납 10만 원씩 내고 있어요.

남편도 트위지를 타고 다니죠?
네, 업무용 차가 필요해서 법인으로 같은 트위지를 한 대 더 샀어요. 남편은 주로 회사에 두고 타요.

둘이 같은 옵션인가요?
트위지엔 옵션이랄 게 딱히 없어요. 트렁크가 따로 있는 버전도 있는데, 저희는 둘 다 없는 걸 선택했어요. 뒷좌석에도 짐을 실을 수 있으니까요. 아, 창문도 옵션이에요.

엥, 진짜요? 창문을 선택 안 하면 어떻게 되나요?
창문 대신 비닐이 씌워져 나와요. 저는 옵션으로 아크릴 창문을 주문했어요.

비닐 문은 비가 오면 좀 그렇지 않나요?
아크릴도 비슷해요. 가려지기는 하지만, 비는 다 맞아요. 특히 뒷자리는 비를 더욱 생생하게 느낄 수 있어요.(웃음)

비가 오면 충전은 어떻게 해요?
캠핑 때 쓰는 야외용 콘센트를 사용하기 때문에 상관없어요. 되도록 피하려고는 하죠. 너무 덥거나 춥지 않은 날 충전하는 게 권장 사항이에요.

여행 작가잖아요. 좋아하는 여행지를 추천해달라는 질문을 받을 때마다 '비가 와도 이 도시를 사랑할 수 있을까?'라는 생각을 해봤다고 들었어요. 트위지는 어떤가요, 비가 와도 사랑할 수 있나요?
제가 비 맞는 걸 진짜 싫어하거든요. 근데 익숙해져요.

아침에 창밖을 보고 비가 오면 '트위지가 젖어 있겠구나' 생각해요. 의자 닦을 손수건을 챙기고, 모자 달린 옷을 찾아 입어요.

정말 트위지가 불편하지 않은 거 맞죠?
밀폐된 안락한 차를 타다가 넘어오면 불편할 수도 있죠. 하지만 저처럼 킥보드에서 트위지로 온다? 그럼 아주 만족스러워요. 뭐든 익숙해지면 편했던 것이 당연하게 느껴지듯이 불편한 것도 익숙해져요. 이 정도는 괜찮더라고요.

에어컨이랑 히터도 없다고 들었어요.
같은 개념으로 그것도 금방 적응해요. 더운 날엔 부채나 손 선풍기를 챙기고, 컵에 얼음을 담아서 가요. 추운 날엔 옷을 덧입고 장갑 끼고, 수면 양말 신고, 담요 챙기고…. (웃음) 진짜로 괜찮아요.

인간은 적응의 동물인데, 세상이 너무 오버 스펙이라 느낄 때도 있어요. 바람 한 번, 비 한 방울 안 맞고 살잖아요.
차 타고 다닐 때는 집, 사무실, 차까지 어디든 에어컨이 나오니까 여름이 다 지나도록 제대로 더위를 못 느낄 때도 있어요. 변화에 둔해지는 것 같아요. 트위지를 타면 사계절과 주변 환경 변화를 다 느낄 수 있거든요.(웃음)

트위지의 승차감이 주변을 느끼는 데 최적화되었다고 들었어요.(웃음)
길의 굴곡이 그대로 전달됩니다. 과속방지턱 진짜 잘 봐야 해요. 길이 망가졌을 때 저처럼 잘 느낄 수 있는 사람이 없어요. 구청에 되게 잘 신고해요. 여기 길 손상되었다고. (웃음)

안전 때문에 트위지를 망설이는 사람도 있어요.
트위지가 안전하지 않다고 말하기엔 애매해요. 누군가를 해칠 차가 아니거든요. 일단 고속도로엔 못 나가고, 동네에서 워낙 저속으로 달리니까요. 국내에서 아직 트위지 폐차가 한 대도 안 나왔대요. 그만큼 사고 기록이 없다는 것 아닐까요?

작은 차는 운전하기 쉽나요?
다른 작은 차는 모르겠지만 트위지는 초보 운전자에게 권하지 않아요. 엔진이 유압 펌프를 돌려주는 파워 핸들이 아니라서 힘이 많이 들어가요. 또 백미러가 따로 없어서 주의를 기울여가며 운전해야 하거든요.

'전기차' 하면 미래 모빌리티와 연결해 인공지능이나 자동

주행 같은 게 떠오르는데요, 그런 기능은 없나요?
그건 테슬라 얘기가 아닐까요?

짐은 얼마나 실어요?
코스트코에서 장을 봐올 수 있을 정도로 실어요. 생수를 사다 마실 때는 6개씩 들어 있는 2L짜리 생수 다섯 팩도 실었어요.

무게도 잘 견디나 봐요.
네, 성인 남자 둘도 타니까요. 남편 회사에 덩치 큰 남자가 있는데, 자주 둘이 트위지를 타고 다녀요. 유리창 너머로 봐도 귀엽고, 작은 차에서 둘이 내리는 장면을 보면 더 귀여워요.

트위지는 내연기관이 없어서 고장이 잘 안 난다고 들었어요.
맞아요. 충전 커버가 잘 안 닫힌다든지, 깜빡이 불이 옅게 들어온다든지, 문이 고장 난 적은 있는데, 내연기관이 없으니 주요 부품이 말썽을 일으킨 적은 없어요. 엔진오일이나 요즘 난리인 요소수를 충전할 필요도 없어서 유지비가 덜 들어요.

한 달 평균 유지비가 얼마나 드나요?
몇백 원?

주유값과 비교하면 어마어마하네요.
트위지 타고 나서는 대중교통도 비싸게 느껴져요. 와, 1000원도 넘게 내야 해?(웃음)

아까 세워져 있던 자리가 평소 주차하는 곳이에요? 딱 맞더라고요.
건물 주인이 이 위에 사는데, 주차된 트위지 보더니 "아니, 어떻게 이 자리에 이렇게 딱 맞는 차를 찾았냐"며 웃더라고요. 놀랄 만큼 너비가 딱이에요.

작아서 주차 공간을 확보하는 데 유리하겠네요.
주차장이 꽉 차 있어도 트위지는 댈 수 있어요. 자리를 조금밖에 차지하지 않으니까 어디 가면 주차장 입구에 그냥 대놓고 가라고 할 때도 있어요. 저 대신 다른 차 받는 게 나으니까요. 어지간한 골목에 주차해도 불편해하는 사람이 없어요.

좁은 도시에 특화되어 있네요. 문콕도 피할 수 있고요. 차가 빽빽한 주차장에서는 문 열 때 되게 긴장하잖아요.
트위지는 문이 위로 열리니까 좁은 공간에서도 내릴 때 걱정이 없어요. 양쪽으로 다 내릴 수 있으니 벽이 어디에 있어도 부담 없고요.

어릴 때 대중교통을 이용하고 가까운 거리는 걷자고 배우잖아요. 가끔 불필요하게 혼자 차를 타면 마음이 불편할 때가 있어요. 전기차를 타면 환경에 해를 덜 끼치는 기분이 드나요?
그런 때가 있죠. 아파트 단지 주차장은 1층이나 화단에 매연이 들어갈 수 있으니 전면 주차하라고 하잖아요. 트위지는 어떻게 주차를 해도 돼요. 매연이 나오지 않으니까요. 서울은 차도 막히고 주차 공간도 부족하고 공기도 탁하니까, 꼭 큰 차가 필요한 경우를 빼고는 다들 작은 전기차를 타면 좋겠다는 생각도 가끔 해요. 요즘 유럽에서는 도심에 내연기관차가 아예 못 들어오게 하는 곳도 있잖아요.

작가님은 20대를 거의 프랑스 파리에서 보냈죠. 그러고 나서도 유럽에서 여행책을 썼고요. 유럽은 전기차나 소형차를 위한 인프라가 어떤가요?
2001년 파리에 갔을 때는 소형차도 많지만, 차가 없는 사람이 정말 많았어요. 당시 인도를 넓히고 차도를 좁히는 정책을 펼쳤거든요. 일방통행이 많고 차가 막히니까 다들 걷거나 대중교통을 이용하는 방법을 택했어요. 제가 6년 정도 파리에서 지내다가 귀국할 무렵에는 공유차 사업이 생겼어요. 주변 사람들이 차를 팔고 1년 치 공유차 이용권을 사더라고요. 주차 공간 걱정도 덜고, 차가 필요할 때만 타면 되니까 괜찮은 방법 같아요. 생각해보면 대안은 늘 있는 것 같아요. 자동차 회사에서도 몇 년 기준으로 아예 내연기관차는 생산 안 한다고 발표하잖아요. 곧 세계가 바뀔 거라고 생각해요.

작년에 유럽이 기후 위기로 몸살을 앓았어요. 이전에 파리에 살 때도 기후 위기를 체감한 적이 있나요?
파리는 눈이 안 오는 도시예요. 먼지 같은 진눈깨비만 내려도 낭만적이라고 다들 밖으로 나와 좋아할 정도로요. 그러다 2003년에 폭설이 내렸어요. 미처 대비를 못 해서 피해가 컸죠. 그 이후에 매년 눈이 내리기 시작했어요. 지금은 눈 내린 파리가 놀랍지 않아요. 겨울뿐만이 아니에요. 같은 해 8월에는 기온이 44.1°C까지 올라 3일 만에 1만 명 넘는 사람이 폭염으로 사망했어요. 기후 위기에 가장 먼저 영향을 받는 사람은 저소득층과 노약자가 될 수밖에 없잖아요. 공공시설에 에어컨이라도 틀어놓고 대피소를 만들면 좋았을 텐데, 당시엔 대처 미숙으로 정치권도 교체되고 난리였어요. 극심한 추위와 더위가 해를 거듭해 계속되면서 파리의 자동차에 모두

에어컨이 생겼어요. 이전엔 굳이 자동차에 에어컨을
설치하지 않았거든요. 사실 에어컨은 지금도 옵션이지만,
아무도 에어컨 없이 차를 탈 생각을 안 하죠.

선택인데, 필수로 선택할 수밖에 없게 된 거네요.
필수 옵션이죠. 자동차는 물론 지하철이나 버스 같은
대중교통에도 에어컨이 없었어요. 필요가 없었거든요.
폭염이라 해도 부채질이나 그늘에 가만히 있으면 해결할
수 있었는데, 어느 날부터 여름이 견딜 수 없게 너무
더워졌어요.

**에어컨과 히터가 없는 작은 전기차 트위지는 세상을 구할
수 있을까요?**
전기차가 앞으로 내연기관 자동차를 대신할 거라
생각해요. 다만 지금은 전기차가 친환경이라고
하기 어려워요. 석탄발전소에서 전기를 만들어내고
있으니까요. 조금 더 돈을 내더라도 신재생에너지로 만든
전기를 이용할 수 있다면 그렇게 할 것 같아요. 대부분
사람이 그렇게 할 거라고 생각해요. 이제는 돈이 중요한 게
아니잖아요.

**마지막으로, 서점 주인으로서 하고 있는 노력이 있다면
소개해주세요.**
책도 매대에 두면 조금씩 상하거든요. 오래 팔려면
어쩔 수 없이 포장을 해야 해요. 투명 비닐은 포장으로
쓰기에 간편하지만 쓰레기가 되니까 고민 끝에 종이를
선택했어요. 종이에 직접 바느질해서 사탕수수 리본을
묶어 책을 포장해요. 생각해보면 언제나 대안은
있으니까요. 작더라도 대안을 찾아서 해야 괜찮은 미래를
꿈꿀 수 있지 않을까요?

트위지 구성 살펴보기
작지만 충분하다.

1.

스티어링 휠

시동을 걸면 스티어링 휠 앞의 디스플레이가 켜진다. 여기에 배터리 잔량과 주행 가능 거리, 시간, 현재 기어 상태 등이 표시된다. 일반 자동차의 클랙슨 자리에는 에어백이 있고, 클랙슨은 스티어링 휠 옆에 따로 버튼이 있다. 전기차는 엔진 소리가 나지 않아 조용하기 때문에 길 위의 사람이 차가 오는 것을 인지하지 못할 때가 많다. 클랙슨 소리는 두 가지인데, 가까이 있는 사람에게는 "찌릉찌릉" 자전거 벨 소리와 같은 1단계, 상대가 차 안에 있거나 멀리 있을 때는 "빵!" 하는 2단계 클랙슨을 활용한다.

2.

바퀴

높은 속도에도 정확한 방향을 구현하는 스포츠카의 설계에 따라 트위지의 바퀴도 몸체 양옆으로 뻗어 있다. 앞뒤 타이어의 규격을 다르게 해 쏠림 현상도 방지했다. 바닥에서 오는 충격을 완전히 막아줄 만큼 시트가 두껍지 않아 과속방지턱에서 속도 조절은 필수다.

3.

뒷좌석

트위지는 2인승이다. 둘이 타려면 앞뒤로 앉으면 된다. 뒷자리에 앉은 사람은 봅슬레이를 타듯 다리를 앞자리까지 뻗어야 편하다. 김지선 작가의 뒷좌석에 타는 것은 주로 고양이 '여름'이다. 가방이나 배달할 책이 실리기도 하고, 남편이랑 둘이 탈 때도 있다.

4.

충전기

가정용 220V에서 충전할 수 있다. 한 번 충전으로 세로 2338mm, 가로 1237mm, 높이 1454mm의 트위지는 80km 거리를 이동할 수 있으며, 완충까지 3시간 정도 소요된다.

트렌치코트를
입고 싶다면
전기차를 타세요

PEOPLE

EDITOR. Seohyung Jo / PHOTOGRAPHER. Dongjoo Son

전기차는 세상을 구할 수 없겠지만, 봄가을은 구할 수 있을지 모른다. 내년에 트렌치코트를 입고 싶다면 올해 뭐라도 실천해야 할 것이다. 포토그래퍼 김진희는 사계절을 지키고 싶은 마음에 매연부터 끊었다. 그는 지난 2년간 전기차를 타며 이다음에 할 수 있는 일을 고민하고 있다.

김진희

날이 덜 추워서 다행인데, 미세먼지가 심하네요. 하도 뿌예서 수묵화 보는 줄 알았어요.
야외 활동하기 좋은 날은 확실히 아니네요.

평소에도 캠핑이나 낚시를 자주 즐기는 것 같아요.
네, 혼자서 차박 많이 나가고, 최근엔 남자 친구와 낚시를 종종 다녀요. 예전에 아빠랑 방파제에 텐트 치고 낚시하던 기억이 있는데, 다시 하니 재밌더라고요. 요즘은 차에 늘 낚싯대를 싣고 다녀요. 언제든 차 세우고 낚시할 수 있도록요.

낚시는 어떤 재미가 있나요?
사람들이 말하는 그 손맛. 물고기가 접근하면서 느껴지는 진동, 짤랑짤랑 방울 소리, 타이밍 맞춰서 감아 올리는 릴, 가만히 물결을 쳐다보며 기다리는 시간까지 다 좋아요.

주로 낚시를 다니는 곳이 있나요?
당진 용무치항을 가장 좋아해요. 차 세워놓고 바로 앞에 낚싯대를 설치할 수 있고, 취사가 가능해요. 화장실도 깨끗해서 편하게 물때를 기다릴 수 있거든요. 한숨 자다가 일어나서 비빔면 끓여 먹고 커피 한잔 마시고 새벽에 물 들어오면 낚시하는 식으로요.

아웃도어 활동이 취미인 사람에겐 전기차가 공간이 넉넉해서 좋겠네요.
오늘 이 짐이 늘 차에 기본적으로 싣고 다니는 정도예요. 원래 더 많은데, 오늘 촬영을 위해 차 정리를 좀 했어요. 다른 전기차도 마찬가지지만, 내연기관이 빠진 자리에 물건을 더 채울 수 있어요. 그중에서도 테슬라가 수납하기 좋아요. 차체가 낮아서 그렇게 보이지 않겠지만, 모델 X는 폭이 거의 스타렉스와 비슷해요.

어디에 얼마나 싣나요?
'프렁크'라 부르는 앞 공간, 트렁크, 뒷좌석 아래 손잡이를 당기면 나오는 숨은 공간까지 대략 2500L쯤 실을 수 있어요. 낚싯대나 화롯대는 좌석 아래 공간에 넣으면 깔끔해요.

진희 님이 느끼는 차박의 묘미는 뭐예요?
도시에서 사람들과 부대끼며 일하다 보니, 조용한 시간이 필요할 때가 있어요. 급하게 처리할 일도 없고, 그럴 수도 없는 공백의 시간을 즐기는 거죠. 저, 아무것도 안 하는 거 되게 잘하거든요. 차박도 일을 크게 벌이지 않고 조용히 있다 가요. 음식도 거의 안 해요. 불 안 피워도 되는 걸로 챙겨와서 간단히 먹고 책 읽거나 와인 마시거든요. 그 외의 시간에는 물이든 숲이든 실컷 쳐다보다가 오고요.

보니까 텐트나 타프도 따로 안 치더라고요.
혼자 다닐 땐 안 쳐요. 텐트는 누가 같이 있을 때나, 스튜디오 직원들과 캠핑하러 올 때만 쳐요. 그때도 저는 차에서 자요. 차가 가장 편안하고, 따뜻하면서 쾌적하거든요.

테슬라는 '캠핑 모드'가 따로 있을 만큼 차박에 유리한 차라고 들었어요.
일단 두 사람이 누워도 불편하지 않을 만큼 넓어요. 개방감도 좋고요. 창문이 다른 차보다 훨씬 크거든요. 그만큼 햇살이 많이 들어와 더운 날에 더 뜨겁긴 하지만, 반대로 비 오는 날엔 기가 막혀요. 누워서 천장에 비 떨어지는 거 보면 정말 환상적이에요. 하늘 아래에 바로 누워 있는 것 같아요.

캠핑 모드는 어떤 기능이에요?

미리 설정해놓은 온도를 유지하는 기능이에요. 22℃로 적정 온도를 맞춰놓으면, 겨울에도 밤새 따뜻하게 잘 수 있어요. 여름에는 시원하게 잘 수 있고요. 공회전이 필요 없는 전기차라 가능해요. 더 쾌적하게 자려면 가습기를 틀어서 습도 조절까지 할 수도 있는데, 저는 예민한 편이 아니라 굳이 그것까지는 필요 없어요.

전기장판은 따로 안 써요?

그것도 있었는데, 안 쓰게 되더라고요. 전자파가 나온다고 해서 탄소 매트로 바꿨는데 요샌 잘 안 가지고 다녀요. 캠핑 모드에 핫팩이면 충분해서요.

전기장판을 사용하면 밤새 전기량은 얼마나 소모돼요?

10% 정도? 크게 무리 안 가는 정도예요. 제가 90% 충전한 차로 여기 낚시터까지 150km, 약 2시간 반 정도 왔는데 지금 70% 가량 남았어요. 돌아갈 때도 배터리 걱정은 없죠.

충전은 어디서 해요? 집?

아니요. 저희 집엔 충전기가 없어서 슈퍼 차저 이용해요. 테슬라는 무료예요.

집밥(집에 있는 전기차 충전기)이 없다면 전기차는 추천하지 않는다고 들었어요.

전기차는 충전 스트레스가 있을 것이다, 장거리는 무리일 것이다… 이런 우려는 저도 많이 들었어요. 막상 타보니 국내에서 주행거리는 충분해요. 집밥이 없어 충전하러 나가는 일은 오히려 제 일상의 에너지예요. 낚시나 캠핑할 때처럼 충전하는 시간도 휴식이 되거든요. 슈퍼 차저는 대부분 호텔이나 큰 빌딩에 있어요. 1층엔 꼭 카페가 있는데, 거기서 커피 사서 주차권 받고 충전해요. 그동안 테슬라 엔터테인먼트 기능을 사용해 넷플릭스나 유튜브를 보면 시간 잘 가요. 급한 일이 있어서 그렇게 하기 어려운 날엔 충전 대행업체를 찾아주는 애플리케이션도 있어요. 2시간 내에 완충해주고 3만 원이에요. 피치 못할 상황에 두 번 정도 써봤어요. 대체로 쉬는 시간이 주어졌다고 생각하고 충전하러 가는 편이에요.

여러 모델 중에서도 X를 고른 이유가 있어요?

제가 큰 차를 좋아해요. 차를 산 2019년에 테슬라의 SUV가 모델 X 하나뿐이었어요.

이전에는 어떤 차를 탔어요?

이전에도 SUV만 탔어요. 그때는 내연기관 SUV였죠.

포토그래퍼라는 직업 특성상 출장이 많고, 출장 때 챙겨야 할 짐도 많아서 큰 차를 선호했어요. 다른 스튜디오나 해외 촬영이 많았는데 카메라, 조명, 스탠드를 다 차에 실었거든요. 지금은 스튜디오에서 찍는 프로필 촬영이 많아서 거의 차박용으로 큰 차를 활용하고 있고요.

내연기관차에서 전기차로 바꿔야겠다고 생각하게 된 계기가 있나요?

저는 정말 환경을 생각해서 전기차를 골랐어요. 제 차 하나 바꾸는 걸로 지구에 먼지만 한 도움도 안 된다는 걸 알지만, 티끌만 한 뭐라도 해보자 싶었거든요. 큰 차와 자연이라는 상반된 개념을 사랑하는 사람으로서 내연기관차는 좀 아니지 않나, 생각했어요. 특히 요즘 같은 때는요.

요즘 같은 때라 하면?

뉴스에서 듣는 것들 말이에요. 지진, 해일, 산불, 폭염… 그런 험악한 이야기들요. 요새는 전염병까지 더해져서 내연기관차로 다시는 못 돌아갈 것 같아요.

전기차와 내연기관차는 뭐가 가장 달라요?

한 번씩 창문 열고 달리다가 신호 대기라도 걸리면, 깜짝 놀라요. 옆 차의 "덜덜"거리는 소리가 시끄러워서요. 매연 냄새도 더 독하게 느껴져요. 전기차에선 나오지 않는 것들이니까요. 이럴 땐 그래도 내가 세상에 해를 덜 끼치고 있구나 생각해요.

그런데 전기차 홍보관에 가면 환경에 관한 얘기는 잘 하지 않고 오히려 차박하는 데 좋은 점을 강조하더라고요.

차에 저장된 전기로 냉장고와 드라이기를 몇 시간 가동할 수 있다는 식으로요. 그다음에는 적재 공간, 자율주행, 가속도, 마지막 단계에선 보조금을 강조하고요. 전기차 구매를 고려하면서 환경을 떠올리는 사람은 별로 없지 않나요? 저 역시 가진 돈으로 살 수 있는 가장 가성비 좋은 차, 짐을 더 많이 싣고도 더 멀리 갈 수 있는 차를 고민했으니까요. 환경적인 이슈로 전기차를 사는 사람은 거의 금전적으로 여유 있는 사람일 것 같아요. 옥상에 태양열 충전기 설치하고, 유기농 제품, 동물 복지 달걀 먹는 게 좋다는 거 알면서도 당장 지갑 사정 생각하면 쉽게 손이 가지 않는 것처럼요.

브랜드에서 환경을 강조해 마케팅하거나 캠페인을 진행한다면 인식이 달라질 수 있을까요?

네. 돈 문제도 있지만 몰라서 와닿지 않는 것들도 있으니까 목소리 큰 누군가가 계속 얘기해주면 확실히 좋겠죠.

오늘처럼 밖에서 자면 날씨를 체감할 수 있잖아요. 미세먼지가 잔뜩 끼어서 12월인데도 날이 별로 안 춥네, 하늘이 맑지 않고 뿌옇네, 이런 식으로요. 북극곰의 눈물보다 가까운 오늘의 날씨 얘기부터 하면 좋을 것 같아요.

날씨요?
저한테는 날씨가 굉장히 큰 자극이고 중요한 일이에요. 우리나라의 사계절을 특히 좋아하는데, 나중에 아이를 낳으면 봄, 여름, 가을, 겨울이라 이름 지을 생각도 했어요. 이대로 혹독한 여름과 끔찍한 겨울만 남으면 나중에 봄이가 자랐을 때, "엄마, 내 이름은 무슨 뜻이야?"라고 물어보겠죠. 그럼 저는 "예전에 여름이랑 겨울 사이에 있던 계절이야. 햇살은 따스하고 바람은 아직 차가운데 꽃이 피고, 동물들이 잠에서 깨어나"라고 대답할 거고요. 그 생각하면 슬프죠.

어휴, 여름과 겨울만 남는다 생각하니 지긋지긋하네요.
다들 선선한 봄과 가을을 좋아하는데, 트렌치코트를 입을 수 있는 그런 날은 고작 2주뿐이에요. 그러니까 그 무렵 거리에 나가면 다 같이 트렌치코트를 입고 있어요. 그때 아니면 입을 수 있는 날이 없으니까 같은 옷을 마주치면 민망할 걸 알면서도요. 잠깐의 트렌치코트 계절이 지나고 나면 패딩 꺼내고, 금방 다시 반팔 꺼내고를 반복해요. 전기차를 사라고 말하려면 계절이나 날씨처럼 누구나 공감할 수 있는 이야기여야 할 거예요.

계절과 기후가 변화하고 있다는 건 많은 사람이 이미 알고 있지만, 모두가 전기차를 타겠다고 결심하진 않잖아요.
지속적이고 직접적으로 전달할 방법을 고민해봐야겠죠. 12월에 인도네시아 출장을 간 적이 있어요. 현지 스태프가 제게 입고 온 겨울 옷은 어딨냐고 묻더라고요. 사계절이 모두 여름인 나라에서는 겨울 옷의 생김새가 궁금한 거예요. 제가 계절 얘기를 한 건, 날씨가 모든 사람에게 어떤 방향으로든 영향을 미치기 때문이에요. 브랜드에서 전문가들이 더 고민해 전기차를 어필하면 좋겠어요. 더 많은 사람이 체감할 수 있도록, 예를 들어 "당신이 비싸게 주고 산 트렌치코트를 몇 번 더 입고 싶다면" 뭐 이런 식으로요. 북극곰한테는 미안하지만, 저는 북극곰을 실제로 본 일이 없어서 번번이 우선순위에서 멀게 느껴지거든요.

전기차 사용자로서, 직접적으로 느끼는 좋은 점은 뭔가요?
기름값이 덜 들죠. 100km 움직이려면 3000원 정도 충전하면 돼요. 요즘 1L당 기름값이 거의 1700원에서 2000원인데, 내연기관 SUV는 1L에 많아야 20km 가요. 저는 아예 무료로 충전하니까 전기차가 이득이죠. 제가 내연기관 SUV를 계속 탔으면, 요소수 때문에 요즘 난리였겠죠? 엔진오일, 워셔액, 브레이크 패드도 갈아야 했을 거고요. 전기차를 타면서 2년 동안 유지비로 쓴 돈이라고는 휴게소에서 3000원짜리 워셔액 두 번 넣은 게 전부예요. 또 테슬라를 기준으로 얘기하자면 오토파일럿, 자율주행이 엄청 좋아요.

자율주행 기능을 사용할 경우 스티어링 휠만 잡고 있으면 되나요?
네. 손을 놓아도 될 정도로 안전하게 느껴요. 설정을 해놓으면 그다음엔 휠에 손만 얹은 채로 쭉 주행할 수 있어요. 남자 친구가 창원에 살고, 부모님이 해남에 살아서 장거리 이동할 일이 많아요. 차선 변경이나 골목길을 다닐 때 말고 운전의 80%는 오토파일럿 기능을 사용하는 것 같아요. 운전이 쉬워지면서 장거리가 무섭지 않아요. 이 기능 하나만으로도 다음 차 역시 테슬라를 사겠다고 결심할 만큼요.

제가 요새 차를 사려고 고민 중이거든요. 지금은 선택지로 치면 내연기관차 쪽이 훨씬 많잖아요. 그럼에도 전기차를 사도록 설득해줄 수 있나요?
내연기관차는 곧 단종되지 않나요? 제가 알기론 벤츠도 디젤 차량 더 안 만든다고 발표했고, 국내 브랜드도 2030년 기준으로 다들 내연기관차 안 만들겠다고 하던데요. 그 말은 지금 산 내연기관차는 5~10년 뒤에 중고로 팔 수도 없게 된다는 뜻이에요. 다들 당연하게 전기차 구매를 고려하고 있을 테니까요. 전기차도 요새는 충분히 종류가 많아졌어요. 국산도 좋은 거 많고요. 그리고 이왕이면 정부 지원금이 있을 때 조금이라도 저렴하게 사는 게 좋죠. 곧 시장에 전기차만 나오게 되면 혜택은 사라질 거니까요.

아, 전기차를 가장 저렴하게 살 수 있는 방법은 지금 사는 거다? 어쨌든 앞으로 전기차가 더 많아질 거라고 생각하는 거네요.
네. 당연히 전기차가 많아질 거라 생각해요. 소나타도 코나도 내연기관차를 전기차 버전으로 내놨잖아요. 지나가다 제네시스 전기차를 봤는데 정말 예쁘게 잘 나왔더라고요. 이렇게 우리가 아는 브랜드가 모두 전기차를 만들어내고 있다면 점점 내연기관차는 사라질 것 같아요.

오늘의 마지막 질문이에요. 전기차는 세상을 구할 수

있을까요?

제 생각이 듣고 싶은 거라면, 답은 '구할 수 없다'예요. 전기차가 세상을 구할 수 있을 무렵이면 인간은 다 죽고 없어질 것 같아요. 코로나19 같은 바이러스에 감염돼서요.

그렇다면 전기차가 기후 위기를 막는 데 도움이 될 수는 있을까요?

인간은 자기가 더 오래 잘사는 방법을 고민하느라 계속 더 나은 걸 만들어내려고 시도할 거예요. 전기차는 제가 '그나마 할 수 있는' 선택이었어요. 차에 기름을 채우지 않는 것, 등유 랜턴 대신 LED를 쓰는 것, 전력이 낮은 제품을 쓰는 것처럼요. 당장 큰 걸 이루기 위해 조바심 내기보다는 가진 선택권을 충분히 활용하고 있는지 돌아보려 해요. 근처에서 찾은 '그나마 할 수 있는' 일이 쌓이고, 각자 '그나마 할 수 있는' 일을 해나간다면 그때는 기대해볼 수 있지 않을까요.

오늘 나눈 이야기를 글로 잘 옮기는 게 저에겐 '그나마 할 수 있는' 일이 되겠네요.

그렇죠. 전기차와 기후에 대해 한 오늘의 이 이야기가 기사로 나가요. 이걸 두 명이 읽고 각자 두 명의 지인에게 전기차의 이러이러한 점이 기후 위기에 도움이 된다고 얘기를 해요. 그걸 들은 네 명이 또 집에 가서 각자 두 명의 가족에게 <1.5℃>라는 잡지에 전기차 얘기가 나왔다고 전달해요. 그러다 보면 전기차로 바꿔볼까, 석탄발전소를 대신해 에너지를 만드는 방법엔 뭐가 있지, 생각이 많아지고, 그러다 보면 서서히 세상이 변할 것 같아요. 지금은 저희 둘이서 전기차 얘기를 하고 있지만, 이 얘기가 주변을 조금씩 바꿀 수 있을 거라고 믿어요.

다들, 전기차 왜 타세요?

PEOPLE

EDITOR. Dami Yoo, Seohyung Jo, Jiyeong Kim

그래, 모두가 지구를 지키기 위해 전기차를 타진 않는다. 하지만 어떤 이유에서든 당신이 했던 작은 선택은 인류를 보다 나은 미래에 살게 할 것이다.

"차박을 자주 다니는데 밤새 에어컨이나 히터를 켤 수 있고, 야외에서 전기를 마음껏 쓸 수 있다는 것이 제일 큰 장점이다. 2019년부터 전기차를 타기 시작해 그동안 절약한 주유비 역시 엄청나다. 기름값이 들지 않고, 기름 냄새를 맡지 않아도 되고, 조용하고, 매연을 내뿜지 않는 등 현재 전기차에 대한 만족도가 워낙 커서 다시는 엔진차를 못 탈 것 같다." 기아 쏘울부스터 EV ● 조현선(57세), 회사원, 서울

"일본에서는 지진 같은 재난 상황이 발생하면 잠깐 정전되는 경우가 있다. 전기가 없는 비상 상황에서 차의 전기를 끌어 쓸 수 있다. 일본엔 전기차 지원금이 없어 초기 비용이 높지만, 회사에서 지원해준 덕에 전기차를 선택할 수 있었다." 미쓰비시 MiEV ● 후지와라 이즈미 (34세), 회사원, 일본 오사카

"환경보호와 연료비 절감을 위해 구매했으나 기온에 따라 충전 효율이 극명히 다르다는 단점이 있다. 충전소 대부분이 외부에 있고 완속인 점을 감안하면, 겨울철엔 외부 충전의 실효성이 없는 셈이다. 또 국내에선 취득세를 감면해주는 친환경차의 기준을 전비로만 판단하는데, 차량 생산부터 폐기까지 자원 순환 차원 등을 고려해야 한다고 본다." BMW iX xDrive50 ● 김동국(38세), 회사원, 서울

"가장 현대적인 기술을 누리고 싶어 전기차를 선택했다. 테슬라의 전기차는 성능이 좋고 CS가 훌륭해 믿음직스럽다. 장거리 이동을 할 때면 충전을 신경 쓰지 않을 수 없는데, 요새는 충전소가 워낙 많아 큰 문제가 되지 않는다." 테슬라 모델 3 ● 칼 로마노 Carl Romano(66세), 과학자, 미국 뉴욕

"전기를 생산하는 과정에선 환경에 영향을 끼치지만, 결국엔 내연기관차보다는 덜 오염적이라고 생각한다. 다만 자동차 배터리에 들어가는 원재료를 채취 및 가공하는 과정에서 비인도적인 일과 자연 파괴 행위가 벌어지고 있기 때문에 이런 내용도 널리 알려져야 한다고 본다." 현대 아이오닉5 ● 이희산(29세), 회사원, 경기도 수원

"'부와아아아앙!' 하는 전기차 가속의 즐거움은 나를 다시는 내연기관차로 돌아가지 않게 할 것이다. 테슬라는 내가 타본 어떤 차보다 미니멀하고 우아하고 유용하다. 유리로 만든 천장, 넉넉한 용량의 트렁크, 디스플레이 하나로 모든 걸 조정할 수 있는 앞좌석 등 미래지향적 아름다움이 가득한 차다." 테슬라 모델 Y ● 카일 프리츠 Kyle Fritz(37세), 소프트웨어 엔지니어, 미국 볼티모어

"'나만의 라이프스타일과 잘 어울리는 자동차는 무엇일까?'라고 스스로 물었을 때, 지금은 '전기차'라고 말할 것 같다. 집과 회사에 모두 충전기가 설치되어 있어 언제든 자유롭게 충전할 수 있고, 출퇴근 왕복 거리도 40km 정도라 충전에 큰 불편함이 없다. 여기에 전기차는 힘도 좋고, 밟으면 앞으로 나아가는 재미도 있다 (하지만 이 경우 배터리 소모가 크기 때문에 결국엔 정속 주행만이 답이다)." 푸조 e2008 ● 박경식(35세), 회사원, 경기도 수원

"환경친화적인 이유도 있지만, 사실 스마트폰이 처음 나왔을 때처럼 재미있는 장난감으로 선택했다." 테슬라 모델 3 롱레인지 ● 우정훈(44세), 포토그래퍼, 경기도

"내연기관차의 불쾌한 소음과 진동을 크게 상쇄할 수 있어 좋다. 가다 서다를 반복하는 도심 주행 패턴에 최적화되어 있고, 캠핑 시에는 아이오닉5의 V2L 기능을 사용하면 전기도 충분히 공급받을 수 있다. 다만 업무적으로 미니밴이나 SUV, LT 같은 큰 공간의 차가 필요한데, 아직까지는 미드사이즈 차량이나 세단에 국한되어 있는 것이 아쉽다. 또 운행 시 탄소 배출은 제로지만 제품 사이클로 볼 때 원료 추출이나 제조 과정, 전기 공급 과정에서 탄소 배출이 높은 것으로 알고 있기 때문에 그 점은 아쉽다." 현대 아이오닉5 & 테슬라 모델 3 ● 이노구(46세), 건설업, 서울

"가솔린차나 디젤차만큼 빠르게 장거리를 이동할 수는 없지만, 오염 물질을 배출하지 않고 엔진 진동이나 소음이 없다는 것이 큰 장점이다. 낮은 유지 비용과 즉각적인 가속 주행도 매력적이다." 아우디 Q4 e-tron 50 ● 토르슈텐 브링크만 Thorsten Brinkmann(37세), e모빌리티 프로젝트 매니저, 독일 프로이시슈올덴도르프

"고성능 내연기관 차량 대비 높은 가성비로 펀드라이빙이 가능하다. 하지만 대중 브랜드로서 전기 차량은 유지 비용(충전 요금)이 저렴해도 차량 가격 자체가 비싸기 때문에 보조금이 없으면 가성비가 높지는 않다고 본다. 배터리가 바닥에 깔리기 때문에 무게중심이 낮다는 점, 전기모터를 통해 높은 토크로 쾌적한 주행이 가능하다는 점에선 만족스럽다." 포르쉐 타이칸 터보 ● 명재영(30세), 회사원, 서울

"가장 큰 장점은 저렴한 유지비다. 자체 충전기 설치로 한 달에 약 5만 원 정도의 전기세만 내면 된다. 타이어 교체 말고는 딱히 정비소 갈 일도 없고 탄소 배출이 없기 때문에 환경을 지킨다는 뿌듯함도 느낄 수 있다. 하지만 내가 전기차를 타는 가장 큰 이유는 테슬라 한정, 디자인이 정말 멋지기 때문이다." 테슬라 모델 3 ● 임무송(40세), 자영업, 서울

"미국에서 이동 수단은 탄소 배출의 큰 부분을 차지하고 있다. 전기차를 사는 건 깨끗한 선택의 시작이다. 전기차는 수리비와 유지비가 적게 들고, 나의 라이프스타일을 이해하는 똑똑한 기능이 많다. 예를 들면, 반려동물을 잠깐 차에 두고 쇼핑을 다녀올 수 있고, 차박을 할 때 긴 시간 온도를 유지해주는 기능이나 자율 주행 같은. 전기차는 미래라고 생각한다." 테슬라 모델 Y
● 에이드리엔 잘츠베델 Adrienne Salzwedel(37세), 유통 회사 소속 지속 가능성 관리자, 미국 워싱턴

"2014년 제주도 출장 때 렌터카로 전기차 레이(1세대)를 경험해보고 '아! 앞으로 구입할 차는 전기차구나'라고 생각했다. 이후 차량 교체 시기가 되어 니로 EV를 구입했는데, 친환경적이라는 것과 미래지향적 삶을 추구하는 것 같은 이미지에 만족감을 느낀다." 기아 니로 EV ● 진성좌(47세), 농업, 전북

"유럽의 각종 자연재해를 보면서 기후 위기를 몸으로 느끼며 내가 바꿀 수 있는 것을 고민하다 전기차를 선택했다. 전기차는 운전하기 쉽고 트렁크 공간이 넉넉해 꽃이나 포장 재료를 사러 다니기에 좋다." 푸조 e-208 ● 안 라스만 Anne Lassman(42세), 플로리스트, 프랑스 디종

"전기차로 대전환이 있을 거라 생각했고, 빨리 살수록 경제적 혜택이 클 것 같아 구매를 결정했는데, 실제로 구매한 지 4개월 만에 1500만 원 이상 올랐다. 초기 비용은 높지만 연간 3만~4만km 정도로 주행거리가 긴 편이라 저렴한 유지 비용이 이를 빠르게 상쇄하고 있다. 여러 가지 장점이 있지만 반려견과 함께 다닐 때 에어컨이나 히터를 무시동으로, 환경오염이나 공회전 없이 틀어놓을 수 있는 점이 특히 만족스럽다." 테슬라 모델 Y ● 김선양 (33세), 여행 콘텐츠 제작 PD, 서울

"원래 얼리 어답터 기질이 있어 앞서는 기기에 대한 욕심이 많은 편이다. 지구의 환경을 위해 보탬이 되고 싶어 조금은 모험을 하는 기분으로 선택했다." 현대 코나 일렉트릭 ● 김준기(47세), 학원 운영, 서울

"집에 충전기가 있어 일상적으로는 거의 단점을 느끼지 못하고 있다. 탄소 배출이 없다는 점에 끌려 전기차를 선택했는데, 즉각 반응하는 가속력 덕분에 운전이 매우 즐겁다." 테슬라 모델 3 ● 티 본 Ty Vaughan(45세), 치과 의사, 미국 포틀랜드

"지속 가능성, 투명성, 브랜드, 스타일. 모든 면에서 전기차를 선택하지 않을 이유가 없었다. 오염은 더 이상 허용될 수 없다. 화석연료에 대한 의존을 줄이고 탄소 제로를 향해 나아가야 한다." 폴스타2 ● 제프 커츠 Jeff Curtes (52세), 크리에이티브 디렉터, 미국 미애나폴리스

독창적이고 환경친화적인
라이더를 위한 전기차 카탈로그

ELEC
CAR-
T

FOCUS

EDITOR. Seohyung Jo

혹시 차 필요하세요? 여기 2022년 국내에 출시되는 차를 모았습니다.
즐거운 쇼핑을 위해 브랜드별로 디자인, 기능, 가격 등 정보도 정리해두었어요.
근데 왜 전기차만 있느냐고요? 요즘 누가 내연기관차를 사나요!

TRIC
ALOG

BMW iX

BMW가 7년 만에 선보인 전기차. 역동성을 강조한 이 SUV 차량은 SAV(Sports Activity Vehicle)로 분류된다. BMW 그룹 최초로 육각형 스티어링 휠을 적용해 미래지향적 분위기를 연출했으며, 앞좌석에 12.3인치 디스플레이와 14.9인치 디스플레이를 하나로 통합한 커브드 디스플레이를 선보였다.

SPEC
(iX xDrive50 기준)
최고 출력 384kW
최대 토크 764.4Nm
최고 속도 200km/h
배터리 용량 111.5kWh
주행거리 447km
가격 1억4630만 원

BMW i4(국내 출시 예정)

프리미엄 중형 세그먼트로 장거리 여정을 완벽하게 커버한다. 차체 하부에 초슬림형 고전압 배터리를 장착해 3시리즈 세단 대비 57mm나 무게중심이 낮아졌다. 여기에 경량화 차체와 최적화한 공기역학 성능이 조화를 이뤄 최고의 주행 성능과 승차감을 제공한다.

SPEC
(i4 eDrive40 기준)
최고 출력 400kW
최대 토크 795Nm
최고 속도 165km/h
배터리 용량 205kWh
주행거리 429km
가격 미정

폭스바겐 ID.4(국내 출시 예정)

폭스바겐의 첫 번째 순수 전기 SUV. 에코·컴포트·스포츠 모드가 있으며, 개별 드라이빙 모드를 선택해 세부 옵션을 조정할 수 있다. 컴포트와 스포츠 사이 레벨을 선택하거나 하나의 모드를 극단적으로 변경하는 식으로 원하는 주행감을 경험할 수 있다.

SPEC
최고 출력 150kW
최대 토크 310Nm
최고 속도 160km/h
배터리 용량 52kWh
주행거리 326km
가격 미정

BMW
iX

BMW
i4

VOLKSWAGEN
ID.4

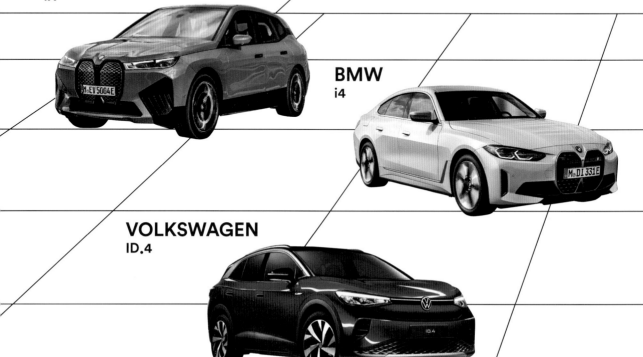

아우디 이트론 55 콰트로

아우디 최초의 풀사이즈 순수 전기 SUV. 아우디 양산차 중 처음으로 버추얼 사이드미러를 적용했다. 12.3인치 '버추얼 콕핏 플러스'와 'MMI 내비게이션 플러스'는 운전자가 모든 차량 정보를 통합적이고 직관적으로 컨트롤할 수 있도록 도우며, 민첩한 주행 성능과 높은 효율성의 조화를 자랑한다.

SPEC
(e-tron Sportback 55 Quatro 기준)
최고 출력 300kW
최대 토크 663Nm
최고 속도 200km/h
배터리 용량 95kWh
주행거리 304km
가격 1억2200만 원대

아우디 이트론 50 콰트로

360도 카메라를 활용한 다양한 어시스트 기능을 기본으로 탑재해 편리한 주행과 주차가 가능하다. 시인성을 높인 헤드업 디스플레이를 추가해 더욱 안전하게 운전할 수 있도록 돕는다.

SPEC
(e-tron Sportback 50 Quatro 기준)
최고 출력 230kW
최대 토크 539Nm
최고 속도 190km/h
배터리 용량 71kWh
주행거리 220km
가격 1억 원대

AUDI
e-tron 55 Quattro

AUDI
e-tron 50 Quattro

아우디 Q4 이트론

아우디 최초 콤팩트 전기 SUV. 두 가지 배터리와 세 가지 구동 버전으로 구성되어 선택의 폭이 넓다. 아우디의 독일 츠비카우 공장과 배터리 셀 공급업체는 친환경 전기만을 사용하는 등 지속 가능성을 위해 확고하고 체계적인 노력을 기울이고 있다.

SPEC
최고 출력 150kW
최대 토크 309Nm
최고 속도 160km/h
배터리 용량 82kWh
주행거리 521km
가격 미정

아우디 이트론 GT

최초의 순수 전기 RS 모델이자 브랜드의 미래를 형상화한 고성능 모델로 아우디의 DNA 그 자체다. 고성능 차량 특유의 민첩하고 다이내믹한 핸들링이 특징이다.

SPEC
(Audi RS e-tron GT 기준)
최고 출력 475kW
최대 토크 830Nm
최고 속도 250km/h
배터리 용량 93.4kWh
주행거리 336km
가격 미정

AUDI
Q4 e-tron

AUDI
e-tron GT

포르쉐 타이칸 크로스 투리스모

전기모터의 높은 출력과 숙련된 엔지니어링이 만났을 때의 시너지를 보여주는 포르쉐 최초의 올라운더 전기 스포츠카. 세단과 SUV의 장점을 모아 새로운 장르인 'CUV(Cross Utility Vehicle)'를 만들었다. 과속방지턱이나 차고 진입로 같은 구간에서 지상고를 자동으로 높여주는 스마트 리프트 기능을 기본 사양으로 갖춰 흔들림 없는 역동성을 보장한다.

SPEC
최고 출력 279kW
최대 토크 550Nm
최고 속도 220km/h
배터리 용량 93.4kWh
가속 성능 5.1초
주행거리 287km
가격 1억3800만 원

PORSCHE
Taycan Cross Turismo

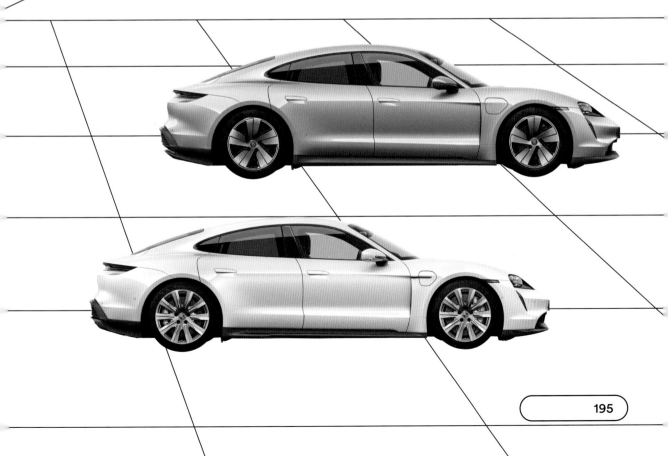

볼보 XC40 리차지
(국내 출시 예정)

볼보 최초 순수 전기차. 구글의 안드로이드 운영체제를 통합한 차세대 인포테인먼트 시스템을 탑재해 전 세계 개발자들이 실시간으로 업데이트하는 구글 지도와 구글 어시스턴트 같은 애플리케이션을 이용할 수 있다.

SPEC
최고 출력 300kW
최대 토크 660Nm
최고 속도 180km/h
배터리 용량 75kWh
가속 성능 4.9초
주행거리 400km
가격 미정

테슬라 모델 3

알루미늄과 강철을 조합한 금속 구조로 만들어 높은 강도를 자랑한다. 전면 글라스 루프 역시 충돌 테스트에서 아프리카코끼리 두 마리에 해당하는 차체 중량의 4배를 거뜬히 견뎌냈다.

SPEC
(Performance AWD 기준)
최고 출력 340kW
최대 토크 639Nm
최고 속도 261km/h
배터리 용량 85kWh
가속 성능 3.3초
주행거리 528km
가격 7900만 원

VOLVO
XC40

TESLA
MODEL 3

테슬라 모델 S

테슬라의 전기차 중 가장 긴 주행 가능 거리와 빠른 가속 성능을 갖췄다. 파워 트레인 배터리 기술 및 향상된 배터리 구조를 통해 압도적 퍼포먼스, 주행거리 및 효율성을 제공한다. 재설계된 모듈과 배터리 팩 열관리 시스템을 통해 25% 향상된 속도로 충전이 가능하다.

SPEC
(Model S Plaid 기준)
최고 출력 895kW
최대 토크 960.4Nm
최고 속도 322km/h
배터리 용량 100kWh
가속 성능 2.1초
주행거리 637km
가격 1억6999만 원부터

테슬라 모델 X

'테슬라' 하면 떠오르는 팔콘 윙 도어의 주인공. 2577L의 넉넉한 적재 용량과 파노라마 윈드실드 덕에 개방감이 뛰어나다. 내부에서는 17인치 시네마틱 디스플레이가 모델 X의 미래지향적 이미지에 큰 역할을 하고 있다.

SPEC
(Plaid 기준)
최고 출력 895kW
최대 토크 330Nm
최고 속도 240km/h
배터리 용량 100kWh
가속 성능 2.6초
주행거리 536km
가격 1억6000만 원대

테슬라 모델 Y

성인 일곱 명이 타고 취미 활동 장비도 실을 수 있을 만큼 2100L의 넓은 차체를 자랑한다. 무게중심이 낮고 견고하며 듀얼 모터를 적용해 힘이 좋고 안정감이 있다. 2열의 시트가 완전히 접히기 때문에 부피가 큰 짐도 쉽게 싣고 내릴 수 있다.

SPEC
(Long Range AWD 기준)
최고 출력 336kW
최대 토크 637Nm
최고 속도 217km/h
배터리 용량 82kWh
가속 성능 5.6초
주행거리 511km
가격 8599만 원

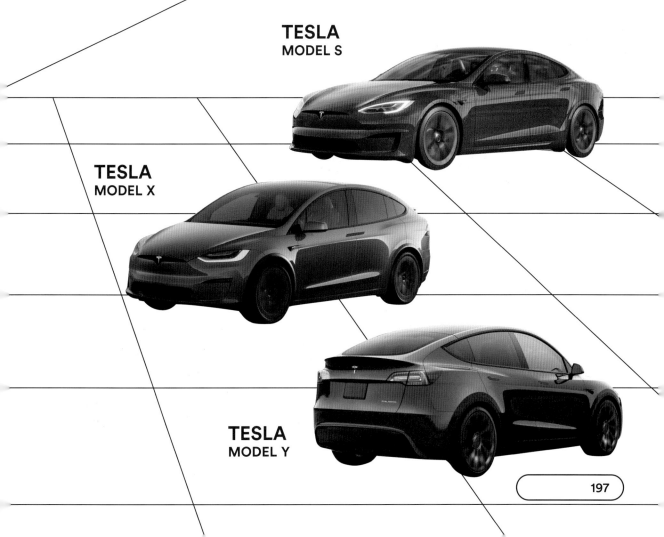

TESLA
MODEL S

TESLA
MODEL X

TESLA
MODEL Y

벤츠 EQA

준중형 전기 SUV 모델. 내연기관 모델 GLA를 바탕으로 개발해 디자인은 메르세데스-벤츠 특유의 분위기를 담고 있다. 싱글 모터로 전륜에 구동력을 전달하며 부드럽고 차분한 승차감이 특징이다. 일상에서 사용하기에 충분히 편안한 전기차다.

SPEC
최고 출력 140kW
최대 토크 375Nm
가속 성능 8.9초
배터리 용량 66.5kWh
주행거리 306km
가격 5990만 원

벤츠 EQC

벤츠의 첫 순수 전기차. 근육질 형상의 외관과 낮은 허리 라인, 확장형 지붕선과 창문 배치가 특징이다. '드라이빙 어시스턴트 패키지'라 불리는 반자율주행 시스템을 기본으로 탑재하고 있다. 라디에이터 그릴 위로 길게 이어진 LED 조명 밴드와 에너지 블루 트림 라인이 들어간 헤드램프에서 독창적인 디자인을 볼 수 있다.

SPEC
최고 출력 304kW
최대 토크 759Nm
최고 속도 180km/h
가속 성능 5.1초
배터리 용량 80kWh
주행거리 309km
가격 9560만 원

벤츠 EQS

세계에서 가장 낮은 항력과 세계에서 가장 큰 모터 디스플레이를 갖춘 모델. 대시보드 전체에 걸쳐 있는 하이퍼스크린은 내부의 디스플레이 3개를 통합한 것이다. 이 스크린은 운전자의 행동을 학습해 사용 패턴을 기반으로 요구 사항을 예측하고 정보를 표시할 수 있다.

SPEC
최고 출력 245kW
최대 토크 567.4Nm
최고 속도 290km/h
가속 성능 4.3초
배터리 용량 107.8kWh
주행거리 478km
가격 1억7700만 원

BENZ
EQA

BENZ
EQC

BENZ
EQS

현대 아이오닉 5

이미지의 최소 단위인 디지털 픽셀에 아날로
그 감성을 더한 '파라메트릭 픽셀'을 외관에
적용해 시간을 초월한 독창적 디자인을 완성
한다. 아이오닉 특유의 디지털 사이드미러는
OLED 모니터로 더욱 선명한 후방 시야를 제
공한다.

SPEC
(Long Range 2WD 기준)
최고 출력 160kW
최대 토크 350Nm
최고 속도 185km/h
배터리 용량 72.6kWh
가속 성능 5.1초
주행거리 429km
가격 4695만 원부터

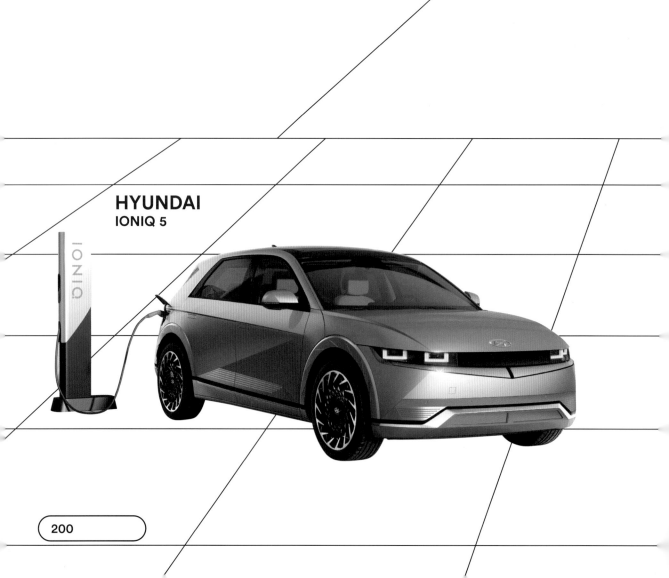

HYUNDAI
IONIQ 5

제네시스 일렉트리파이드 GV70

제네시스 브랜드 최초로 험로에서 안정적인 접지력을 확보해주는 e-터레인 모드를 탑재해 주행 가능 거리와 충전 속도를 개선했다. 별도의 컨버터 없이 800V의 초고속 충전 인프라를 갖췄으며 차량 외부로 일반 전원을 공급할 수 있는 V2L(Vehicle to Load) 기능을 적용해 다양한 외부 환경에서 전자 기기를 제약 없이 사용할 수 있다.

SPEC
최고 출력 360kW
최대 토크 700Nm
배터리 용량 77.4kWh
가속 성능 4.9초
주행거리 400km
가격 미정

제네시스 일렉트리파이드 G80

프리미엄 세단 G80의 전동화 버전. 전기차 전용 플랫폼이 아닌 기존 내연기관차의 플랫폼을 변경한 것이 특징이다. 일렉트리파이드 버전은 G80과 다르게 실내 인테리어에 자투리 원목, 천연염료, 재활용 페트병 등 업사이클링 소재를 활용했다.

SPEC
최고 출력 272kW
최대 토크 700Nm
배터리 용량 87.2kWh
가속 성능 4.9초
주행거리 427km
가격 8281만 원

GENESIS
GV70

GENESIS
G80

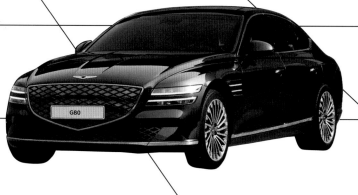

기아 EV6

전기차에 최적화한 에어로다이내믹 SUV 형태의 디자인을 구현했다. 전기차 전용 플랫폼 E-GMP(Electric Global Modular Platform)로 완성된 기아 최초의 전용 전기차다. 멀티 충전 시스템을 적용해 4분 남짓의 짧은 충전으로 100km를 주행할 수 있다. 전기차 중 가장 짧은 충전 시간으로 미국 전역을 주행해 기네스북 신기록을 달성했다.

SPEC
최고 출력 173kW
최대 토크 605Nm
배터리 용량 58kWh
가속 성능 3.5초
주행거리 351km
가격 4630만 원부터

기아 니로 EV

동급 최고 수준의 대용량 트렁크, 러기지 공간을 확보해 여유로운 SUV 라이프를 즐길 수 있다. 2016년 출시 이후 5년 만에 2세대 모델을 선보였으며, 심장박동을 형상화한 LED, 편리한 분할 폴딩 시트가 특징이다. 2022년부터는 사용한 배터리를 신품 대비 반값 이하로 제공하는 리퍼비시 서비스를 기획 중이다.

SPEC
최고 출력 150kW
최대 토크 395Nm
배터리 용량 64kWh
가속 성능 7.6초
주행거리 385km
가격 4790만 원부터

KIA
EV6

KIA
NIRO EV

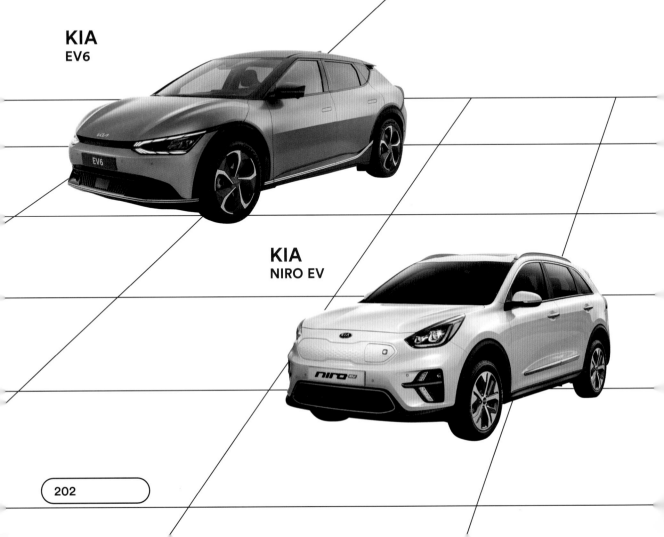

푸조 E-208

완벽하게 설계한 도심형 전기차라는 칭호를 받으며 2020년 유럽 '올해의 차'를 수상했다. 짧은 휠 베이스에서 오는 스포티한 분위기와 깔끔한 후면부 라인이 특징이다. 디지털 인스투르먼트 패널을 통해 운전 중에도 주행 정보에 접근할 수 있다. 국내엔 7인치 크기의 터치스크린 시스템만 도입될 예정이다.

SPEC
최고 출력 102kW
최대 토크 260Nm
배터리 용량 50kWh
가속 성능 8.1초
주행거리 244km
가격 4000만 원부터

푸조 E-2008

프레임을 그대로 드러낸 유선형의 라인과 높은 지상고를 갖춘 콤팩트 SUV. 사자 발톱을 연상케 하는 라이트와 GT 라인 보디 키트를 더해 강렬한 인상을 완성했다. 또한 프런트 엔드와 유광 블랙 윈도 스트립으로 장식한 보닛이 스포티한 외관을 돋보이게 한다.

SPEC
최고 출력 102kW
최대 토크 260Nm
배터리 용량 50kWh
가속 성능 8.5초
주행거리 237km
가격 3320만 원부터

PEUGEOT
E-208

PEUGEOT
E-2008

쉐보레 볼트 EV

2016년 넉넉한 주행거리를 자랑하며 탄생한 1세대 전기차. '원 페달 드라이빙' 시스템을 새롭게 장착해 효율적인 회생제동 시스템을 만들었다. 2020년에는 연식 변경 모델을 선보여 효율을 높였으며 날렵하게 앞으로 떨어지는 후드와 범퍼 디자인이 특징이다.

SPEC
최고 출력 150kW
최대 토크 360Nm
배터리 용량 66kWh
가속 성능 7초
주행거리 414km
가격 4130만 원

쉐보레 볼트 EUV

GM의 100년 전기차 노하우를 담은 SUV. 쉐보레 정통의 디자인에 선명한 그릴 패턴으로 역동적인 느낌을 강조했다. 가속페달만으로 감속의 조절 및 안전 정차까지 조정할 수 있어 배터리 효율 증대와 색다른 드라이빙 경험을 제공한다. 옵션 기능인 파노라마 선루프를 적용하면 뛰어난 개방감까지 얻을 수 있다.

SPEC
최고 출력 150kW
최대 토크 359.6Nm
배터리 용량 66kWh
가속 성능 7.4초
주행거리 403km
가격 4490만 원

르노 조에

2020년 유럽에서 전기차 부문 판매 1위를 기록하며 실용주의 전기차라 불리는 소형 해치백. 서울특별시 기준 보조금을 받으면 1053만 원부터 구매할 수 있다.

SPEC
(INTENS 기준)
최고 출력 100kW
최대 토크 245Nm
배터리 용량 54.5kWh
가속 성능 9.5초
주행거리 309km
가격 4395만 원

CHEVROLET
BOLT EV

CHEVROLET
BOLT EUV

RENAULT
ZOE

재규어 아이페이스

재규어의 순수 전기 SUV. 전기모터의 무게 배분을 미세하게 조절해 스포츠카의 민첩성을 발휘할 수 있도록 했다. 주요 인포테인먼트를 운전하면서도 쉽게 확인할 수 있도록 전면 스크린에 스마트폰처럼 직관적인 인터페이스를 적용했다.

SPEC
최고 출력 294kW
최대 토크 695Nm
배터리 용량 90kWh
가속 성능 4.8초
주행거리 333km
가격 1억1300만 원부터

캐딜락 리릭(국내 출시 예정)

캐딜락의 첫 순수 전기차 모델. 2개의 전기 모터를 기반으로 후륜구동을 하다 사륜구동을 적용하면 전체 모터가 개입하는 식으로 운용된다. 전면부의 블랙 크리스털 그릴이 특징이다.

SPEC
최고 출력 255kW
최대 토크 440Nm
배터리 용량 100kWh
주행거리 482km
가격 미정

폴스타2(국내 출시 예정)

폴스타는 2015년 볼보자동차에 인수되었다. 현재는 중국 지리 자동차 산하에 볼보와 함께 속해 있으며, 전기차 독자 브랜드로 2021년 국내시장에 진출했다. 폴스타의 뿌리는 볼보에 있기 때문에 주요 모델의 디자인이 볼보와 패밀리 룩을 이룬다. 소형 SUV인 폴스타2 역시 볼보 XC40에 적용한 플랫폼을 기반으로 개발했다. 폴스타1은 1500대 한정 수량으로 판매 완료했으며, 대형 SUV 폴스타3가 향후 라인업에 더해질 예정이다.

SPEC
최고 출력 296kW
최대 토크 658Nm
배터리 용량 78kWh
가속 성능 7.4초
주행거리 540km
가격 미정

JAGUAR
I-FACE

CADILLAC
LYRIQ

POLESTAR
POLESTAR2

66

지구를 이롭게 하는 차세대 전기차 산업 십계명

99

FOCUS

EDITOR. Dami Yoo

모빌리티의 패러다임이 다시 쓰이고 있는 지금, 더 나은 미래, 더 나은 환경, 더 좋은 자동차를 만들겠다며 차세대 전기차 스타트업의 각축전이 벌어지고 있다. 이들의 조건과 비전을 담은 10개의 계명은 지구를 이롭게 하는 시대정신이자 이를 사업으로 실현하기 위한 필요충분조건이다.

1 태양의 힘으로 가라 소노 모터스

소노 모터스는 2016년 독일 뮌헨에서 탄생한, 태양광 패널과 태양광 자동차를 만드는 스타트업이다. 공학자 라우린 한, 요나 크리스티안이 화석연료 없는 세상을 비전으로 설립했다. 이들은 자체적으로 에너지를 생산할 수 있는 통합 태양전지판 기술을 독점적으로 보유하고 있으며, 크라우드 펀딩을 통해 태양광 자동차 '더 시온'을 개발해 2023년 출시할 예정이다. 판매 가격은 한화로 약 3400만 원부터 시작한다. 테슬라 모델 3에 비하면 절반에 해당하는 가격에 충전도 필요하지 않다니, 얼마나 경제적이고 합리적이며 친환경적인가! 절로 감탄사가 흘러나오는데, 이들이 태양광 자동차를 만들기 시작한 배경 역시 전기차의 가격이라는 점을 알아둘 필요가 있다. 하루빨리 지구상의 자동차를 탄소 배출 없는 전기차로 전환해야 하고, 그러기 위해서는 모두를 위한 태양열 자동차가 필요하다고 판단한 것이다. 따라서 소노 모터스는 글로벌 시장의 리더가 되어 회사를 확장하려는 목표도, 자신들의 기술을 특정 신분이나 높은 지위를 가진 사람에게 어필하기 위한 브랜드 마케팅 계획도 없다. 화석연료 없는 미래와 지속 가능한 이동을 위해 사용되길 바랄 뿐이다. sonomotors.com

2 아마존을 업고 달려라  리비안

RIVIAN

미국 엔지니어 로버트 스캐린지가 2009년 플로리다주를 기반으로 설립했다. 아마존과 포드의 투자를 받아 영향력을 키우며 차세대 자동차 산업을 주도할 기업으로 평가받고 있다. 전기 픽업트럭과 SUV 시리즈를 중심으로 라인업을 마련하고 있으며, R1T는 2021년 <모터 트렌드>에서 선정한 '올해의 트럭'에 뽑히기도 했다. 여기에 아마존 창업자 제프 베이조스가 전기 승합차 10만 대를 사전 주문한 일화는 수송 분야에서 탄소를 절감할 수 있는 솔루션으로 기대를 모은다. 이는 500~900ft^{3}에 달하는 화물을 운반할 수 있으며 아마존을 위해 특별 설계한 엔지니어링을 적용한 전기 벤으로, 소비자에게 물건이 도착하기 바로 전 배송 단계인 라스트마일 차량으로 쓰일 예정이다. 온라인 커머스와 배달이 일상이 되어버린 지금, 전기차 제조업체가 유통계의 공룡과 물류 시스템의 파트너를 이룬 것은 시대의 적절한 발맞춤이라고 할 수 있다. rivian.com

3 디자인 유산을 계승하라

오토모빌리 피닌파리나

우선 카로체리아 피닌파리나에 대해 짚어봐야 한다. 카로체리아 피닌파리나는 1930년 바티스트 피닌파리나가 설립한 이탈리아 자동차 디자인 전문 회사다. 페라리, 마세라티 등과 협업해 자동차 디자인사의 결정적 순간을 만들고 1000대 이상의 자동차를 디자인하며 이 분야를 주도해왔다. 이에 매력적인 전기차에 대한 꿈을 키우던 인도의 마힌드라 그룹은 2015년 카로체리아 피닌파리나를 인수해 이들의 디자인 유산을 담은 차세대 전기차를 만들겠다는 비전을 품었다. 바로 이것이 오토모빌리 피닌파리나의 탄생 배경이다. 이들은 현재 테크 마힌드라의 엔지니어링 기술력과 글로벌 커넥티드 솔루션에 피닌파리나의 디자인을 더한 전기 스포츠카 '바티스트'를 개발하고 있다. 럭셔리 친환경 자동차의 미래를 '아름다움'으로 주장하겠다는 이들의 메시지는 지속 가능성이라는 화두에 미학적 방식으로 품격을 더한 시도로 해석할 수 있다. automobili-pininfarina.com

4 최고의 기술력과 인적자원을 구축하라 루시드 모터스

창립자 버나드 체는 미국 내 최고의 배터리 엔지니어라는 수식어와 함께 테슬라 초기 멤버로 활동하며 부사장 자리까지 올랐던 인물이다. 2007년 테슬라를 퇴사한 엔지니어들과 전기 레이싱카에 배터리 팩과 파워 트레인을 공급하는 아티바를 설립했고, 2016년 전기차 산업에 본격적으로 뛰어들며 루시드로 사명을 변경했다. 다수의 경영진과 엔지니어가 테슬라 출신이라는 점에서 테슬라와 경쟁 구도를 형성하기도 했는데, 이렇게 만들어진 '제2의 테슬라'라는 수식어 또한 대중으로 하여금 루시드 모터스를 주목하게 했다. 실제로 탄탄한 기술력과 인적자원을 확보하고 있기 때문에 대규모 투자를 연이어 유치한 루시드는 루시드 에어를 개발, 긴 항속거리와 충전 속도, 파워 트레인 성능까지 테슬라 모델 S를 넘어서는 스펙으로 인정받았다. 특히 1회 충전 주행 가능 거리가 서울에서 부산까지 왕복할 정도다. 이는 테슬라를 넘어섰다는 단순한 기록보다 내연기관차의 수준을 따라잡은 기술적 발전을 보여줬다는 점에서 의미가 있다. lucidmotors.com

---

5 라이프스타일을 적용하라 카누

카누는 BMW 부사장을 지낸 울리히 크란츠와 CFO를 지낸 스테판 크라우스가 2017년 미국 로스앤젤레스에 설립한 전기차 스타트업이다. 스케이트보드 플랫폼을 기반으로 다목적 상용 전기차를 만드는데, 구동 모터와 배터리 팩을 평평한 모듈에 담은 스케이트보드 플랫폼 위에 사용자가 원하는 용도에 맞는 상부 차체를 올리는 것이 핵심 아이디어다. 혁신적 디자인 외에도 전기차 구독 모델이라는 콘셉트로 지속 가능하고 저렴한 이동 수단을 제공하는 데 중점을 둠으로써 구독 경제와 맞춤화 서비스가 각광받는 시대정신에 부합하는 비즈니스 모델로 눈길을 끌었다. 이후 카누는 그 성과를 인정받아 규모 있는 투자를 이끌어내고 현대자동차와도 공동 개발을 진행했으나 협력 관계는 1년 만에 종료됐다. 또한 최근에는 울리히 크란츠가 애플의 타이탄 프로젝트로 자리를 옮기고 유럽 생산 계획을 철회하는 등 기업의 전망에 빨간불을 밝히는 사건이 연달아 발생하기도 했다. 하지만 이 모든 위기에도 불구하고 기업의 비전과 오늘날 라이프스타일에 대한 이해도, 독점적인 기술력을 고려했을 때 카누의 전망은 결코 어둡지 않다. canoo.com

---

6 새로운 방식으로 만들어라 어라이벌

어라이벌은 러시아 출신의 기술 투자자이자 연쇄 창업가인 데니스 스베르들로프가 설립한 영국의 전기차 스타트업이다. 데니스 스베르들로프는 기술이 생활을 변화시킬 것이라는 명제에 정통한 인물답게 로봇 기술과 통신 발달이 모빌리티 분야에 적용될 것을 일찌감치 예감했고, 도시의 대기오염 문제 역시 전기차를 통해 해결할 수 있을 것으로 내다봤다. 이렇게 시작된 어라이벌은 기존의 방식을 뒤로하고 지속 가능성, 확장성, 비용 효율성을 기준으로 전기차 제조 과정을 새로 썼다. 그 결과 마이크로팩토리라 불리는 생산방식으로 업계의 이목을 집중시켰고, 차체를 금속이 아닌 합성 플라스틱으로 만들어 비용 절감은 물론 높은 에너지 효율을 이뤄냈다. 특별한 목적을 위해 만드는 '목적 기반 차량(Purpose Built Vehicle, PBV)'을 추구하기 때문에 소규모 맞춤형 생산방식이 적합했던 것. 이렇게 혁신적인 행보를 선보인 어라이벌은 지난해 현대자동차로부터 1353억을 투자받기도 했다. 또한 최근에는 우버 전용 미니밴을 공개해 화제를 모으는 등 효율성을 앞세운 공정 혁신과 특화된 디자인을 시장에 선보였다. 사용자가 더 이상 친환경과 비용의 효율성 사이에서 타협하지 않아도 되는 새로운 모델을 제안한 것이다. arrival.com

7 하이퍼카를 넘어서라

리막 오토모빌리

리막 오토모빌리는 크로아티아에 본사를 둔 전기 스포츠카 브랜드로 2009년 마테 리막이 설립했다. 그는 운전면허를 따자마자 BMW를 구매한 다음 자신의 집 차고에서 직접 개조해 레이싱 대회에 가지고 나가 우승을 거머쥐는가 하면, 23세에 하이퍼카를 만들어 모터쇼에 출품하기도 한 천재적인 인물이다. 이후 포르쉐 같은 유수 기업에 모터와 인버터, 파워 트레인을 공급하는 등 전기차 산업에 커다란 영향력을 끼치며 성장했다. 포르쉐, 현대자동차 등이 지분을 투자하며 든든한 지원을 받아오던 중 마침내 폭스바겐이 하이퍼카 브랜드 부가티를 리막에 넘기는 조건으로 새로운 합작 회사 설립을 도모하기 시작했다. 그가 만든 고성능 하이퍼카 엔지니어링은 자동차 산업에 전기차 전환 동력을 불어넣는 계기로 해석할 수 있어 의미가 깊다. rimac-automobili.com

---

8 탄소 발자국을 줄여라

비야디

비야디는 휴대폰 배터리 생산 기업에서 출발한 중국 최대의 전기차 제조업체다. 승용차부터 트럭, 버스, 모노레일까지 생산하며 다양한 전기 모빌리티 라인업을 갖추고 있다. 비야디의 특별한 점은 배터리를 포함한 차량 부품과 재료 95%를 중국 내에서 생산 및 유통해 만들고 자체 연구 개발을 고집한다는 것이다. 여기에 탄탄한 내수 시장과 배터리 기술력이 비야디를 중국 내 시가총액 1위 기업으로 성장하게 했다. 특히 지난 2018년부터 가동한 중국 칭하이성 공장은 비야디 제품에 들어가는 리튬이온 배터리를 만드는 곳으로 면적이 100만 제곱킬로미터에 달해 세계적으로 손꼽히는 규모를 자랑한다. 이렇게 원자재를 비롯해 부품 생산, 제조, 유통이 지역에서 이뤄지는 비야디의 시스템은 탄소 발자국을 줄일 수 있는 지속 가능한 생산 모델을 보여준다. byd.com

---

9 배터리를 갈아 끼워라

니오

니오는 중국의 프리미엄 전기차 브랜드로 높은 시장점유율을 기록하고 있는 기업이다. 프리미엄 전기 SUV와 세단으로 유럽 시장 진출을 공식 발표할 만큼 중국 전기차 스타트업 중 높은 성장 가능성을 보이고 있다. 특히 배터리 스와프 기술을 지닌 중국 유일의 기업이라는 점에서 주목할 만하다. 배터리를 충전하는 것이 아니라 완충 배터리를 교체하는 서비스를 제안한 것이다. 이는 사람들이 전기차 구매를 머뭇거리는 가장 큰 이유가 배터리 수명과 성능이라는 점에서 착안한 것으로, 차에 배터리를 탑재하지 않고 운전자가 필요한 만큼 배터리를 구독하는 아이디어를 현실화했다. 배터리 렌털 비용은 70kWh 기준 약 17만 원. 전기차 구매의 진입 장벽을 낮추고 배터리 충전 시간을 단번에 줄일 수 있다는 것이 가장 큰 장점이며, 에너지 효율이 높은 배터리를 항상 유지할 수 있다는 점에서도 좋은 평가를 받고 있다. nio.com

10 헤리티지에 생명력을 불어넣어라 루나즈

 2018년 창립한 루나즈는 과거 영국 자동차 제조 기술의 중심지이던 실버스톤에 위치한 전기차 스타트업이다. 재규어, 벤틀리, 롤스로이스 등 럭셔리 클래식 카에 전기 파워 트레인을 탑재하는 식으로 전기차 영역을 다채롭게 만들고 있다. 차량 내부에 에어컨, 내비게이션, 인포테인먼트 시스템을 새로 마련하고 사용자의 취향에 맞는 운전 시스템으로 커스텀할 수도 있다. 브랜드의 헤리티지를 그대로 유지하되 오늘날에 걸맞은 운전 환경을 재구축하는 움직임이라고 볼 수 있다. 이곳에 탑재하는 파워 트레인은 루나즈가 순수 개발한 엔지니어링이며, 럭셔리 클래식 카 외에도 산업용 차량을 업사이클링하는 기술을 서비스하고 있다. 최근에는 축구 스타 데이비드 베컴이 루나즈에 10% 지분을 투자해 화제를 모으기도 했다. 이러한 루나즈의 활약은 오래되거나 쓸모를 다한 자동차의 수명을 연장하고 자원을 재사용하며 탄소 배출량을 줄이는 데 큰 의미가 있다. lunaz.design

ZERMATT

지구에서 매연이 존재하지 않는
유일한 마을

자동차가 처음 발명된 1885년 이후 한 번도 휘발유 차량이 다니는
것을 허락하지 않은 곳, 체어마트는 어쩌다가 전기차만 다니는
마을을 만들었을까?

©zermatt

66

차 없는 마을에
차 없이 도착하는 법

99

체어마트는 스위스 발레주에 속하는 인구 6000명 정도의 작은 마을이다. 마을 중심에 해발 4478m의 삼각뿔 마터호른이 위용 넘치는 자태를 뽐내고 있는 알프스 레저의 중심지로 연간 3만 명의 관광객이 방문하지만, 드론 택시가 상용화를 앞두고 있는 2020년대에도 여전히 마차가 다니는 곳이다. 연기를 뿜뿜 내뿜는 내연기관차는 이 청정 마을에서 전혀 볼 수 없다. 현대의 도시인이라면 피할 수 없는 매연을 이곳에서는 완벽히 벗어날 수 있다.

이 마을의 유일한 교통수단은 전기차와 마차뿐. 도시를 돌아다니는 모든 차량의 수를 다 합해도 500여 대에 불과하다. 자가용을 타고 체어마트에 가기 위해서는 마을에서 5km 떨어진 태시라는 다른 마을에 주차하고 셔틀 기차를 타야 한다. 20분마다 운행되는 기차를 타고 12분이면 체어마트에 닿는다. 걸어가기엔 짐이 너무 많다고? 걱정할 필요 없다. 예약한 호텔에서 마중 나온 전기차가 당신을 숙소까지 짐과 함께 편안하게 모셔다줄 테니까. 고급 숙소를 예약했다면 화려한 휘장을 감은 마차가 달그락거리는 말발굽 소리와 함께 당신을 마중 나올 것이다.

1970년대 초까지도 체어마트 사람들은 여전히 마차와 말을 타고 돌아다녔다. 1961년 주민 협의로 화석연료차의 운행을 완전히 금지했기 때문이다. 이후 1972년과 1986년까지 이어진 주민 투표에서도 체어마트 사람들은 내연기관차 금지에 동의했다. 충전소 인프라를 갖추기 위한 기술이 발달하기 전이던 당시에는 더욱 비쌌던 전기차 구입 비용까지 생각하면 더더욱 쉽지 않은 결정이었다. 그럼에도 주민들의 계속적 합의가 가능했던 것은 기후와 환경에 대한 투철한 의식도 있겠지만, 대부분이 관광업에 종사하는 주민들에게 체어마트의 깨끗한 자연은 무엇과도 바꿀 수 없는 가장 큰 자산이기 때문이다.

체어마트에서 태어나 체어마트에서만 사용하는 차, 체어마트의 전기차가 궁금해

장난감처럼 생긴 종이 박스 모양의 전기차가 한적한 도로를 여유롭게 돌아다니는 체어마트에 처음 전기차가 도입된 것은 1947년. 이후 본격적으로 마을에서 전기차 상용화를 시작한 것은 1977년부터다. 이마저도 지자체나 호텔 같은 비즈니스 영역에서 소유한 허가 차량이며 개인적으로는 차량을 구매할 수도, 렌트할 수도 없다. 마을에서 운행하는 버스와 택시 역시 모두 배터리를 충전하는 전기차다.

재미있는 점은 이들 차의 생김새가 모두 비슷하다는 것. 체어마트에서 돌아다닐 수 있도록 허가받은 전기차의 규격은 도로 너비에 맞춰 1.4x4m, 높이 2m로 정해져 있기 때문이다. 이곳에서 사용하는 전기차는 모두 체어마트 내에 위치한 로컬 컴퍼니 두 곳에서 만든다. 체어마트 내부 규정과 규격에 딱 맞게 생산하는 체어마트 전용 맞춤 차량인 셈이다. 알루미늄 소재로 만들어 가볍고 전기도 적게 사용한다. 차를 오래 탈 일이 없으니 좌석의 편안함보다는 실용성에 초점을 맞췄다. 하지만 차 한 대의 가격은 8만 스위스프랑, 한화 1억 원 정도로 상당하다.

체어마트에서는 교통사고를 걱정할 필요도 없다. 자전거만큼 느리게 달리는 체어마트의 전기차는 속도 제한이 20km/h다. 원한다고 빨리 달릴 수도 없으니 규제할 필요도 없다. 차량을 만들 때부터 제한 속도인 20km에 맞춰 나오기 때문이다. 부족할 건 없다. 체어마트는 걸어서 다녀도 양쪽 끝에서 끝까지 20~30분이면 갈 수 있는 작은 마을이니까. 사방 길이가 5km 정도라 충전소에서 1시간가량만 충전해도 온종일 마을을 돌아다닐 수 있다.

66

체어마트에 없는 세 가지,
공기 오염, 교통사고, 소음

관광객으로 하루 종일 북적이는 마을이지만 소수의 전기차만으로도 돌아다니는 데 문제는 없다. 오히려 소음 없는 깨끗한 마을에서 뜻밖에 마주친 불편은 이 도시를 더욱 매력적으로 만든다. 전기차만 다니는 체어마트 생활에 대한 우리의 작은 궁금증을 이 시스템을 만들어나가고 있는 사람들에게 직접 물어보았다. 알프스산맥의 아름다운 풍경에 둘러싸인 관광 마을에 사는 사람들은 스스로 선택한 불편을 어떻게 받아들이고 있을까?

베아트 뷔르겐
BEAT BÜRGEN

체어마트 전기버스사업부 책임자

체어마트에 지금과 같은 전기차 시스템이 정착하게 된 과정은 어땠나요?

체어마트에는 한 번도 내연기관차가 있었던 적이 없어요. 의사 같은 구급 의료 인력이 타는 차량을 제외하고요. 그래서 체어마트의 공기는 아주 청정하죠. 모든 도시에서 피할 수 없는 엔진의 소음도 이곳에서는 완전히 벗어날 수 있어요. 전기차만 다니는 체어마트 시스템의 가장 큰 장점은 세 가지가 없다는 거예요. 공기 오염, 교통사고, 소음. 커뮤니티의 합의를 통해 전기차만 사용하는 것으로 결정했고, 또한 누가 이것을 소유할 수 있는지도 결정했어요. 모든 호텔은 허가증이 필수예요. 대부분의 업종에서도 전기차를 사용하기 위해서는 허가증이 필요하죠. 전기 택시도 모두 허가를 받아 운영됩니다.

체어마트의 전기 버스는 유일한 대중교통이자 모두 전기차로만 운영된다는 점이 신기한데요, 이 시스템에 대해서도 설명해주시겠어요?

체어마트의 전기 버스 회사는 체어마트 지자체 소속이며 직영으로 운영하고 있어요. 회사에는 총 10대의 버스가 있고, 모든 버스는 80V 540Ah 규격의 배터리를 장착하고 있죠. 첫 번째 전기 버스는 1988년에 운행을 시작했어요. 현재 체어마트에는 버스 노선이 2개 있는데요, 그린 라인은 스키 탈 사람들을 스키장으로 데려다주는 스키 전용 노선이고, 레드 라인은 빈켈마텐 Winkelmatten 지구에 사는 사람들을 위한 주민용 서비스 노선입니다. 배터리를 완전히 충전하는 데는 8시간 정도 걸리는데요, 모든 차량은 밤사이에 충전하지만 배터리를 교환할 수도 있어요. 만약 운행 중에 배터리가 다 떨어지면 차고로 다시 돌아와 빈 배터리를 완충된 배터리와 교환해 신속하게 다시 운행에 나설 수 있죠.

체어마트에서 탈 수 있는 다른 교통수단은 어떤 것이 있나요?

체어마트에서는 전기차의 개인적 사용과 소유가 허가되지 않습니다. 렌털도 마찬가지죠. 체어마트 내의 전기차는 호텔을 비롯해 여러 사업장에서 사용됩니다. 호텔은 기차역에서 게스트를 픽업해 태워 오고 다시 기차역으로 데려다주죠. 식료품점이나 다른 가게에서 상품을 배달할 때도 전기차를 이용해요. 전기 버스의 노선이 맞지 않거나 체어마트 안에서 탈것이 필요한 사람은 공용 전기 버스를 이용하거나 전기 택시를 불러야 해요. 허가를 받은 택시는 150여 대 정도 있어요. 대부분의 주민은 자전거를 많이 이용해요.

많은 어려움에도 불구하고 이 독특한 교통 시스템을 마을 주민이 함께 지켜나가고 있는 데는 어떤 의미가 있을까요?

우리가 현재 운용하는 이 교통 시스템은 굉장히 특별하기 때문에 체어마트 주민 모두로부터 높은 수준의 합의와 지지가 필요해요. 아름답고 편리한 차를 소유할 수 없는 희생을 요구하지만, 깨끗한 공기와 자연이 그 모든 것을 보상해준다고 생각합니다. 무엇보다 수천수만 명의 사람이 매년 체어마트를 찾는다는 게 우리가 불편을 감수하고 들인 노력의 가치에 대한 최고의 증거겠죠. 우리가 지금 자랑하는 이 아름답고 깨끗한 자연환경을 지켜내기 위해 체어마트는 많은 돈과 노력을 투자했어요. 주민들은 자연을 보호하는 것에 매우 신중하죠. 우리가 자연으로부터 얻는 모든 것을 소중히 대하려고 해요.

로미 비너하우저
ROMY BINER-HAUSER

체어마트 시장

주민일지라도 차량을 구입하는 데 강한 규제와 정책이 있다고 들었습니다. 어떻게 이 많은 불편을 감수하고 모든 주민의 동의를 이끌어낼 수 있었나요? 정책의 내용도 궁금해요.

우리에겐 마차가 있었고, 그다음엔 기술자들이 전기차를 만들었어요. 전기차 사용을 허가받기 위한 절차와 요건은 상당히 까다로워요. 주차 가능 구역과 운행 가능 시간, 속도 제한까지 모두 시의회의 문서로 세세하게 규정되어 있죠. 새로운 건축물을 짓는 등의 공사를 할 때도 반드시 필요한 차량만 사전 계획에 의해 철저하게 통제한 상태에서 운행해요. 그럼에도 불구하고 세 차례의 주민 투표에서 모두 합의를 이루어냈고 이 내용을 담은 시의회 문서에 우리 모두 동의했어요. 전기차 사용에 규제가 많아도 큰 문제는 없어요. 지금도 대부분의 사람은 걷거나 자전거를 타거든요.

자연을 보호하기 위한 체어마트의 노력의 결과를 어떻게 보시나요? 그리고 환경을 보호하기 위해 하는 또 다른 노력이 있다면 소개해주세요.

우리가 우리의 환경을 보호하기 위해 하는 모든 활동이 의미 있다고 생각해요. 자연은 우리의 가장 중요한 자산이거든요. 전기차만 이용하는 것이 아니라 모든 에너지 사용에 있어 화석연료 소비를 줄이는 대신 지역에서 생산한 재생에너지를 써요. 전기차를 충전하기 위해 필요한 전기도 자체 수력발전소에서 만들고요. 체어마트에서 사용하는 전기의 70%는 체어마트 내에서 친환경적인 수력발전을 통해 생산되죠. 그 과정에서 오염된 물은 다시 사용할 수 있도록 정화하고요. 독특한 쓰레기 분리배출 시스템도 체어마트의 자랑이에요. 생활 쓰레기, 유리, 캔, 종이 및 바이오 유기 폐기물 처리를 위한 바이오 가스 스테이션을 갖추고 있어요.

체어마트의 기관장이자 세상에서 가장 깨끗한 마을 중 한 곳에 사는 주민으로서 기후 위기에 대해 어떻게 생각하시나요?

우리의 교통 시스템은 그 자체로 정말 독특하죠. 전기차만 사용하는 것으로 주목을 받고 있지만 제 생각에 가장 최고의 교통수단은 걷는 거예요. 가장 생태적이고 건강한 방법이죠. 우리 모두는 환경을 지키기 위해 무엇인가를 해야만 해요. 단지 이야기만 하는 것이 아니라 진짜로 무언가를 하는 것이 정말 중요해요. 아주 작은 것이어도 괜찮아요. 조금씩 앞으로 나아갈 수 있으니까요.

INFOMATION	
체어마트에서 다닐 수 있는 모빌리티 종류	
A	손수레, 썰매, 자전거 등 모터 없는 차량
B	말이 끄는 차량
C	전기 배터리 구동 차량
D	전동 단일 축 차량 및 전동 카트
E	총 중량이 3톤 이하인 전동 수레 및 소형 굴착기
F	특수 수송용 내연기관을 장착한 자동차
G	스노 크롤러 차량
H	전기 페달 보조 장치가 있는 경량 오토바이

NEXT MOBILITY

차 대신 탈것,
차세대 모빌리티

전기로 움직이는 소형 개인 이동 수단, 퍼스널 모빌리티는 휴대와 운전이 편하고 배기가스가
나오지 않으며 똑똑하다. 여기, 전기차 부럽지 않게 발전하는 차세대 퍼스널 모빌리티를
모아보았다. 영화 <백 투더 퓨처>의 호버보드도, <마이너리티 리포트>의 자율주행도,
<명탐정 코난>의 태양열 보드도 다 이 안에 있다.

LIFESTYLE   EDITOR. Seohyung Jo

서서 타는 스쿠터, 앉아서 타는 킥보드
삼천리 스쿠터 팬텀 이지

스쿠터도 아니고, 킥보드도 아니다. 동시에 스쿠터이기도, 킥보드이기도 하다. 삼천리자전거에서 둘의 장점만 결합해 만든 퍼스널 모빌리티 '팬텀 이지' 얘기다. 킥보드 형태의 몸체 덕에 승하차가 쉽고, 스쿠터의 넓은 안장 덕에 앉아서 이동할 수 있다. 기본적인 자율주행 시스템도 갖췄다. 핸들바의 그립을 돌리면 모터가 작동하는 스로틀 전용 방식으로, 그립을 7초간 누르면 주행속도를 일정하게 유지하는 크루즈 기능이 실행된다. 한 번 충전하면 40km까지 움직일 수 있으니, 앉은 채 멀리까지 가기 좋겠다. 삼천리는 전동 스쿠터 라인인 팬텀 시터와 전기 자전거 E 로드스타를 통해 다양한 모빌리티의 가능성을 실험해보고 있다. 개정된 도로교통법에 따라 개인형 이동 장치가 자전거도로를 주행할 수 있게 되어 수요도 늘어날 것으로 기대한다.
samchuly.co.kr

빌트인 전동 스쿠터
현대기아차 아이오닉

아이오닉 전동 스쿠터는 최종 목적지 가까이 차를 타고 이동한 다음, 남은 1마일(1.6km) 내의 거리를 움직이기 위한 '라스트 마일 모빌리티'의 의미를 기가 막히게 살렸다. 같은 이름의 자사 전기차 '아이오닉'과 연계해 전기차 앞문에 거치해두고 충전할 수 있게 만든 것이다. 3단으로 접을 수 있어 슬림하고, 현존 전동 스쿠터 중 가장 가벼운 무게인 7.7kg으로 들고 다니기도 좋다. 10.5Ah의 대용량 리튬이온 배터리를 탑재해 1회 충전으로 20km까지 주행할 수 있으며, 최고 속도는 시속 20km/h로 제한하고 있다. 출시 전 상태라 연계 차량이 더 늘어날 수 있고, 제원 일부는 바뀔 수도 있다.
hyundai.com

당신의 집을 기억하는 킥보드
니오 팔

영국의 디자인 스튜디오 레이어 Layer와 중국의 전기차 제조업체 니오 Nio가 인공지능과 머신러닝 기술을 접목한 전동 킥보드를 만들었다. '동반자'라는 의미의 '팔 Pal'은 동선을 기억해 사용자가 선호하는 최적의 경로를 안내하는 신통한 제품이다. 디자인도 독특하다. 마치 롱보드에 핸들을 단 것처럼 긴 발판에 4개의 바퀴를 장착한 것으로, 일반 킥보드보다 주행이 안정적이다. 배터리는 탈착이 가능해 분리한 다음 실내에서 편리하게 충전할 수 있고, 여분의 배터리를 교체해가며 사용할 수도 있다. 몸을 앞뒤로 기울이며 속도를 조절하고 좌우로 움직여 방향 전환을 할 수 있는 린 스티어링을 적용해 운전하기도 간편하다.
nio.com

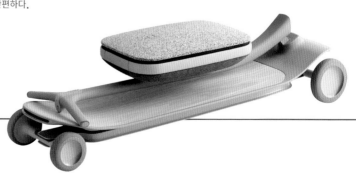

페달 없이 가는 자전거
스코다 클레멘트

스코다 ŠKODA는 세계에서 가장 오래된 5대 자동차 회사 중 하나로, 그 시작은 1895년에 발족한 로린 & 클레멘트란 이름의 자전거 회사였다. 이후 중공업 재벌인 스코다 웍스에 인수되어 자동차 회사로 발전했으며, 지금은 폭스바겐 산하에 있다. 자전거에 뿌리를 둔 자동차 회사 스코다에서 출시한 전기 자전거에는 페달이 없다. 그저 몸을 앞뒤로 기울여 가속과 제동을 한다. 4kW의 모터로 최대 시속 45km까지 낼 수 있으며, 1250Wh의 배터리가 최대 62km까지의 주행을 가능케 한다. 핸들바에서 톱튜브로 이어지는 부분에 스마트폰을 무선 충전할 수 있는 홀더가 있어 유용하다.
skoda-auto.com

400km 주행 가능한 접이식 전기 자전거
모두스포츠 부릉이 2TB

단순하고 명쾌한 이름에서 알 수 있듯 국내 브랜드다. 부릉, 소리를 내는 모터 대신 LG 리튬이온 9.6Ah 배터리가 들어가 있으며, 옵션으로 배터리를 추가할 수 있다. 놀라운 건 보조 배터리까지 선택했을 때 전기차와 맞먹는 주행거리인 400km를 이동할 수 있다는 것이다. 여기서 끝이 아니다. '부릉이'는 접이식 자전거다. 가까운 거리의 통근이나 라스트 마일 모빌리티로 활용할 수 있도록 트렁크에 들어가고 손에 들 수 있도록 작게 접을 수 있다. 2017년 처음 등장한 이후 꾸준히 국내 인지도를 쌓아왔으며, 현재 전국에 230곳의 AS 취급점이 있다.
modoosports.co.kr

빈티지 터프
할리 데이비슨 시리얼 1

할리 데이비슨은 심장박동을 닮은 거친 엔진 소리와 대륙의 기상을 표현한 거대하고 번쩍이는 차체의 모터바이크로 120년간 팬층을 굳건히 다져왔다. 그리고 돌연 전기 자전거를 출시했다. 자전거 이름은 '시리얼 1'으로 1903년 할리 데이비슨의 첫 제품과 꼭 닮은 외모를 갖고 있다. 다이아몬드 그래픽의 프레임과 크롬으로 마감한 핸들바, 가죽을 씌운 새들, 충격을 흡수하는 댐퍼 구조와 새하얀 고무 타이어까지 마치 박물관에서 꺼내온 것처럼 빈티지하다. 모빌리티의 고전과도 같은 브랜드에서 요즘 입맛을 사로잡을 수 있을지 우려되지만, 스펙은 매우 현대적이다. 자전거의 최고 속도는 28km/h이며, 한 번 충전으로 185km를 이동할 수 있다. 크기는 S부터 XL까지 네 종류가 있다.
harley-davidson.com

QUICKER, FASTER, SMARTER

손가락 하나로 이동하는 법
세그웨이-나인봇 S 팟

2001년 미국 발명가 딘 카멘은 일찌감치 센서만 이용해 몸을 기울여 움직일 수 있는 스마트 모빌리티 '세그웨이'를 발명했다. 하지만 그것만으로 부족했던 인간은 힘을 덜 들이고 이동하기 위한 수단을 끊임없이 고민해왔다. 세그웨이-나인봇에서 발표한 달걀 모양의 퍼스널 모빌리티 'S 팟'은 영화 <쥬라기 월드>의 원형 운송 기기 '자이로스피어'에서 힌트를 얻었다. 기계 스스로 무게중심을 잡기 때문에 이용자는 균형을 잡을 필요 없이 조이스틱을 쥔 손만 움직이면 된다. 최고 시속은 40km/h, 최장 이동 거리는 70km, 10도의 경사까지 무리 없이 오를 수 있다.
segway.com

알아서 전진하는 보드
이볼브 뱀부 GTR

아스팔트 위에서 발을 힘껏 굴러가며 보드를 타는 시티 보이는 멋지다. 모양은 내고 싶은데 힘은 덜 들이고 싶다면 방법은 이볼브 '뱀부 GTR'이다. 이 보드는 1500W의 전기모터가 2개나 있어 가파른 산도 거뜬히 오를 만큼 힘이 좋다. 또한 자갈 위나 넓은 초원에서도 달릴 수 있도록 유연하면서 단단한 대나무와 유리섬유로 발판을 만들었다. 최고 속도는 42km/h이지만 아쉽게도 국내 법규상 25km/h의 제한에 걸려 있다. 배터리는 42V 14Ah 삼성 리튬 배터리를 쓰며, 주행거리가 무려 50km에 달한다. 주행 조작은 기본적으로 블루투스와 연결한 리모컨으로 할 수 있으며, 턴할 때는 일반 보드와 마찬가지로 체중을 사용하면 된다.

evolveskateboards.com

도시의 가장 날렵한 모빌리티
미포 셔플 V4

차도, 사람도, 건물도 빼곡한 도시에서 가장 빠른 이동 수단은 스케이트보드일 수 있겠다. 2017년 론칭해 12만 개 이상의 보드를 빠르게 팔아치운 미포보드는 가장 복잡한 도시 중 한 곳인 홍콩에서 왔다. 스케이트보드 '셔플 V4'는 다른 모빌리티보다 가볍고 주행 중 양손이 자유로우며, 저렴하다는 데서 착안해 전기 동력을 심었다. 배터리 무게가 더해졌지만, 여전히 가벼운 편에 속해 대중교통에 싣고 이동하거나 트렁크에 실어뒀다가 필요할 때 꺼내 타기에 좋다. 28분이면 완전 충전이 되며 50km를 주행한다. 번번이 허리를 숙여 보드를 조작할 필요 없이 리모컨을 켠 상태로 지면에서 발을 구르면 작동한다.

meepoboard.com

물 위를 달리는 전기 자전거
만타 하이드로포일러 XE-1

'하이드로포일러 XE-1'은 수면을 내달리는 초현실적 경험을 할 수 있는 세계 최초 전기 수중 자전거다. 앞선 통근용 모빌리티와 달리 당장은 레저 이미지가 커 보인다. 하지만 이대로라면 언젠가 물을 건너 출근해야 할지 모르는 세상이니 하이드로포일러를 미리 알아둬도 좋겠다. 탐험하기 좋은 해변과 산책할 수 있는 호숫가가 지천에 널린 뉴질랜드 출신 브랜드이며, 잔잔한 환경은 물론 깊은 물과 파도까지 소화할 수 있도록 만들었다. 882Wh의 배터리를 사용해 최대 4시간 동안 주행할 수 있고, 최고 속도는 20km/h다. 작게 접어 차에 싣거나 들고 이동할 수 있다.

mantra5.com

DRIVER IN THE CLIMATE CRISIS

기후 위기 시대의 운전법

2021년을 기준으로 지구에는 약 14억4600만 대의 자동차가 있다. 그중 전기차는
1000만 대에 이른다. 나머지 14억3600만 대의 내연기관 차량을 전기차로 당장 전환한다면
더할 나위 없겠지만, 당장 도로를 내달려야 하는 내연기관 차량의 사정을 무시할 수는 없다.
그러나 조금만 주의를 기울이면 연비를 줄이고 에너지 소비를 줄일 수 있다. 이는 단순히
주유비를 줄이는 지혜가 아니라 기후 위기 시대에 필수적인 운전법이다.

LIFESTYLE   EDITOR. Dami Yoo / ILLUSTRATOR. Riroo

기후 위기 시대의 운전법

부드러운 정속 주행이 기본

가속과 제동을 반복해가며 운전하다 보면 정속 주행보다 연비가 높아진다. 그뿐만 아니라 타이어, 브레이크 등 다른 부품이 소모되기 쉽다. 따라서 제동할 때 처음 5초 동안은 시속 20km 정도까지 천천히 가속해 발진하면 연비를 약 11%가량 개선할 수 있다는 점을 기억하자. 이 외에도 앞차와 충분한 거리를 두는 것, 도로 상황을 예측하고 흐름을 파악하는 일은 정속으로 부드럽게 주행하는 습관을 들이는 데 도움이 된다. 무엇보다 안전과 매너까지 지킬 수 있는 최고의 운전법이다.

가벼운 차가 멀리 간다

무거운 짐을 들고 달리면 금세 지치기 마련이다. 자동차도 똑같다. 자동차가 가벼울수록 연료 소모도 줄어든다. 참고로 100kg의 무게가 추가될 때마다 100km 주행 시 연료 소비량은 0.3L에 이른다는 사실. 루프랙 등 자동차 지붕 위에 액세서리를 장착해 자동차의 중량을 높이고 공기저항을 늘리는 것 역시 연료 소비를 높이는 지름길이다. 짐을 적재하기 위한 액세서리는 필요한 경우에만 장착하도록!

기어 변속은 빠르고 명확하게

내연기관 자동차 중에서도 수동 변속기를 고수하는 운전자가 있다. 드르륵 하고 기어를 조작할 때 느끼는 직접적 반응과 쾌감이 이유라면 충분히 납득할 만하다. 그러나 기어 단계에 따라 엔진 소모와 연비에 영향을 미친다는 것을 알아두자. 시속 30km에서 3단, 40km에서 4단, 50km에서 5단으로 두는 것이 좋고, 적절한 타이밍에 기어를 변경해야 차에 무리가 가지 않는다. 또한 이렇게 빠른 변속은 엔진 소음도 줄일 수 있으니 일석이조. 교통 상황이 원활한 경우에는 한 단계를 뛰어넘어 변속하는 것도 방법이다.

관성에 맡기는 것도 연비를 줄이는 방법

내리막길에서는 기어를 그대로 둔 채 차가 스스로 움직이도록 내버려두고, 정차할 때는 액셀러레이터에서 발을 떼고 서서히 속도를 줄여 운전해보자. 이렇게 자연의 섭리에 맡겨본다면 연비 절감에 도움이 된다. 또한 20초 이상 정차할 경우에는 시동을 끄는 게 효과적이다. 실제로 엔진이 3분간 공회전하는 것은 시속 50km/h로 1km를 주행하는 것과 동일하기 때문에 연료는 계속 소비된다. 장시간 동안 엔진이 공회전할 경우 배출 가스 정화 효율도 10% 이하로 떨어져 배기가스 배출량까지 높아지니 주의할 것!

에어컨 작동은 곧 연료 소비

여름철 화두는 에어컨 요금이다. 그만큼 에어컨 사용은 에너지 소비로 이어진다는 사실은 누구나 알고 있을 것이다. 실제로 운전 중 에어컨 작동은 100km당 2L의 연료가 더 소비되고, 에어컨을 한 단계씩 높일 때마다 연료 소비 효율은 평균 4.9%씩 감소한다. 따라서 뜨거운 여름날 차 내부 온도를 낮추기 위해 바로 에어컨을 강하게 작동하기보다 출발하기 전에 창문을 열어 차 안의 공기를 환기시키고 에어컨은 천천히 가동하는 습관으로 연료 소비를 줄일 수 있다. 차 내부 온도가 너무 높아 급속 냉방을 해야 할 경우에는 내기 순환 모드에 두고 3·4단으로 시작하면 에너지 절약에 도움이 된다. 가장 좋은 방법은 가급적이면 창문을 열고 에어컨 사용을 줄이는 것이다.

타이어에 관심 갖기

타이어 공기압을 유지하는 것은 에너지 절감과 이산화탄소 저감에 중요한 요소이자 안전 운전에 큰 영향을 미친다. 타이어 공기압이 10% 부족하면 연료는 1% 더 소비되고, 타이어 수명은 5% 낮아진다. 또한 공기압이 부족할 경우에는 타이어 온도가 7℃나 높아지기 때문에 파손 위험도가 높으며 사고로 이어질 수 있다. 따라서 주기적으로 공기압을 확인하고 적정 공기압을 유지하는 것이 매우 중요하다.

자동차를 자주 점검할 것

정기적으로 자동차를 점검하고 소모된 부품은 빠르게 교체해 자동차 수명을 늘리는 것은 분명 지구에 이로운 일이다. 또 좋은 엔진오일을 사용해 잘 관리해주면 엔진의 마찰을 감소시키고 효율성을 높여 배출 가스를 줄일 수 있다. 엔진오일을 고를 때는 연료 소모를 5% 정도 절감할 수 있는 점도가 낮은 합성 엔진오일을 추천한다. 노후 경유차의 경우 특히 점검할 때 주의해야 하는데, DPF·SCR·EGR 등 배기가스 저감 장치를 설치하고 주기적으로 확인하며 배기가스 배출을 낮추도록 노력하자.

최적의 이동 경로, 최적의 이동 수단을 확인하자

출발 전 목적지를 정확하게 파악하고 최적의 이동 경로를 탐색해 불필요한 운전 시간을 줄이는 것이 에너지 절약에 큰 도움이 된다. 즉 주행 시간을 단축할수록 효과적이라는 뜻이다. 그러니 자가용 사용을 최대한 줄이고 대중교통을 이용하거나, 가까운 거리는 도보로 이동하는 것이야말로 탄소 배출을 확실하게 낮출 수 있는 가장 궁극적 방법이다. 기후 위기 시대, 최적의 이동 수단은 바로 '걷기'다.

이 모든 변화는
인간이 지구를

1.5°C

착취하고 있다는 증거다.

물리학자 스티븐 호킹 STEPHEN HAWKING

모든 것을
망칠 수 있다

ART

EDITOR. Jiyeong Kim

인간이 만들어낸
폐기물과 기름 찌꺼기로
가득한 거대한 지표면.
인간이 지구 표면을
이렇게 바꾸는 데는
1세기도 걸리지 않았다.

자동차는 전례 없이 빠르게 우리 삶에 들어와 모든 걸 바꿔놓았다. 40여 년간 여행을 계속하며 사진 작업을 하고 있는 캐나다 출신의 사진가이자 예술가 에드워드 버틴스키 Edward Burtynsky에게 자동차는 항상 사유의 대상이다. 바퀴가 구를 수 있는 곳이라면 어디든 달리는 기동력, 국가의 경계도 넘나드는 자유로움. 자동차가 우리 일상에서 절대적 이동 수단으로 자리 잡는 데 필요했던 시간은 단 반세기에 불과했다. 21세기를 살아가는 우리에게 자동차가 주는 혜택은 분명하다.

석유를 듬뿍 채우고 달리는 화물 차량은 공장에서 매일 엄청나게 만들어내는 물건을 신속하게 운반하고, 사람들은 우리를 어디든 데려다주는 커다란 엔진을 타고 다니는 일상에 익숙해졌다. 하지만 그 에너지원인 석유가 지구에 끼친 영향은 그야말로 엄청나다. 석유는 자원의 사용과 소비를 가속화했으며 현대 문화에서 빠질 수 없는 것이 되었다.

400만 개의 자동차 타이어가 버려진 타이어 파크는 이 거대한 산업의 종착지다. 쓰임을 다한 뒤, 자동차와 내연기관 부품들의 다음 생을 그려본 적이 있는가? 에드워드 버틴스키의 '오일' 연작은 석유와 자동차 문화가 만들어낸 진보의 비용을 연대기적으로 보여준다. 석유는 이 모든 것을 가능케 했지만 동시에 이 모든 것을 파괴할 수 있다.

'Highway #5'

'Oil Fields #19ab'

1L의 석유에는 23톤의 탄소가 들어 있다. 바다와 해양 플랑크톤에서
생성되는 석유가 사람들이 사용할 수 있는 연료 형태로 만들어지는 데는
500년이 걸린다. 그리고 우리는 이것을 1년에 300억 배럴씩 소비한다.
자동차에 석유를 넣을 때마다 그는 이 사실을 떠올린다. 1L의 석유가 갖는
에너지를 만들기 위해 지구는 대체 어떤 수모를 겪고 있는가?
작가는 석유와 이를 에너지 삼아 돌아가는 내연기관이 우리 삶에 제공하는
윤택함이 아닌, 그 이면에서 어떤 일들이 벌어지고 있는지 주목한다. 원유
추출과 정제 공장의 모습부터 석유 산업의 마지막 주기인 버려진 유전,
고철장의 자동차 엔진 더미 등 폐기 현장까지. 10여 년에 걸친 탐사를 통해
이곳저곳 돌아다니는 연료로 쓰이다가 마지막에는 우리가 알지 못하는 어느
땅 위에 버려진 기름으로 남는, 황폐한 석유 산업의 현장을 다큐멘터리적
시선으로 보여준다.

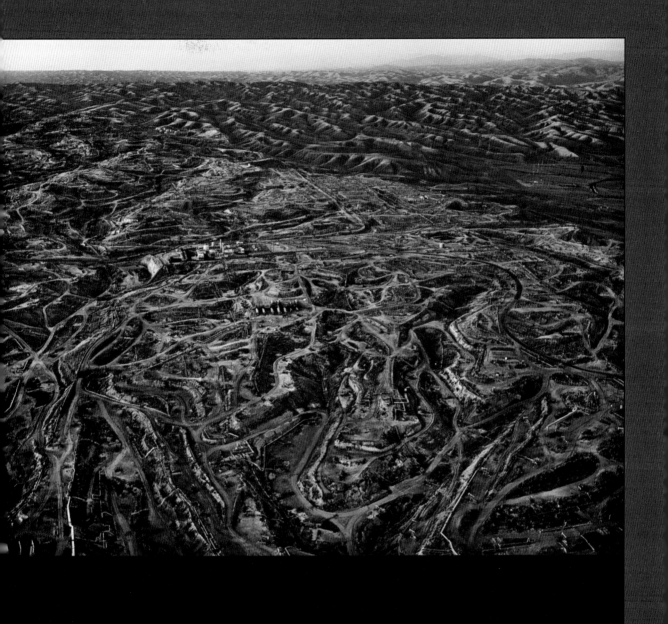

'Oil Fields #27'

'Oil Tanker and Refineries'

일상에서는 보지 못하는 스케일과 구도로 시선을 확장해 소름 끼칠 정도로 정확하고 적나라하게 담아낸 풍경. 그의 필름 속에서 기름과 타이어로 뒤덮인 거대한 자연의 모습, 그리고 그 사이를 거침없이 가로지르는 파이프라인과 바퀴 자국이 만들어낸 패턴은 정교한 구상과 섬세한 붓질로 탄생한 추상화를 닮았다. 그린 것 같은 풍경이라는 말이 더욱 참혹하게 다가온다. 이 숨 막힐 정도로 차분한 풍경에는 우리가 익숙하게 자연의 색이라고 생각해온 초록과 파랑이 완전히 소거되어 있다.

작가는 우리에게 익숙하지 않은 지형을 보여줌으로써 우리를 새로운 풍경과 마주하게 한다. 이전까지 분리되어 있던 풍경과 잠시 연결될 때 우리는 인간이 일상의 편안함을 영위하기 위해 지구를 이토록 뒤집어 황폐하게 만들었다는 것을 다시금 깨닫는다. 그러나 지구 표면의 형태를 이렇게 바꾸고 있는 인간도 결국은 이 거대한 풍경의 아주 작은 일부분일 뿐이다.

석유는 우리 삶을 망가뜨릴 것인가? 그는 이것이 단지 시간문제일 뿐이라고 말한다. 의심의 여지없이 이곳에서는 무언가 심각한 일이 벌어지고 있으며, 우리가 관심을 가지고 해결하지 않으면 바로 우리 자신이 위험해질 수 있다. 잠깐 멈추고 고개를 들어 시선을 넓혀보자. 정말 이 모든 것을 망칠 수는 없으니까.

ARTIST. Edward Burtynsky
캐나다 출신의 사진가이자 예술가이다. 산업화한 풍경을 거대한 스케일로 담아낸 사진 시리즈로 유명하다. 인간의 산업 문명이 만들어낸, 자연 세계의 거대한 상처에 주목하며 연작 프로젝트를 진행하고 있다.
edwardburtynsky.com

인간은 쉬지 않고 이동하고
지구는 쉴 새 없이 뜨거워진다

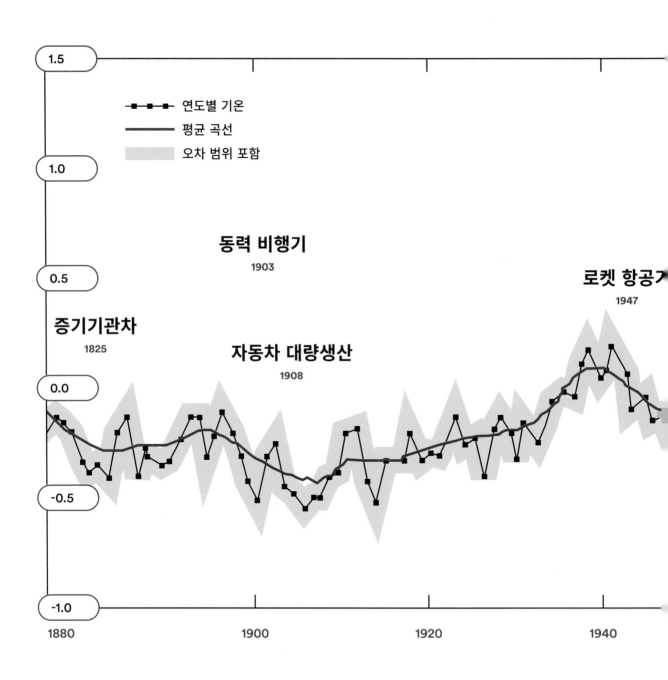

연도별 기온
평균 곡선
오차 범위 포함

동력 비행기
1903

로켓 항공기
1947

증기기관차
1825

자동차 대량생산
1908

NUMBERS

EDITOR. Seohyung Jo / ILLUSTRATOR. Nammyung Kim

오늘날 인간은 하늘을 날고 땅 위를 달리고 바다를 건넌다. 더욱 빠르고 안정적으로 이동하기 위해 노력을 멈추지 않은 덕이다. 하지만 산업화가 이루어지고 교통수단이 발달하는 동안 지구 평균기온을 나타내는 붉은 선은 줄곧 우상향을 그려왔다. 인간에게는 이제 그 붉은 선의 기세를 꺾는 미션이 남았다. 우리가 반드시 해야 할 일이다.

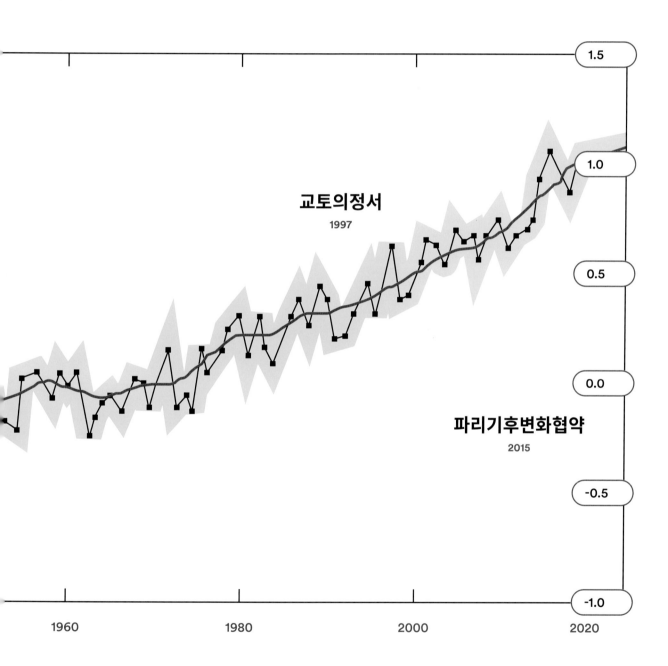

전 세계 평균기온을 측정하기 시작한 1880년부터 현재까지의 평균기온 변화 추이를 나타낸다.
Data: Global Mean Estimates based on Land and Ocean Data, GISS Surface Temperature Analysis(v4), 2021

증기선

영국의 조너선 헐스는 증기기관과 물레바퀴를 연결해 특허를 얻었다. 수증기가 바퀴를 돌리면 커다란 배가 앞으로 나아가는 원리로, 돛에 바람을 모으거나 인간이 힘주어 노를 젓는 시대가 끝났다.

전기자동차

오스트리아의 페르디난트 포르셰는 전기 사륜구동 자동차 '믹스테'를 만들었다. 사륜구동은 바퀴 4개에 동력이 함께 전달되는 방식으로 바퀴마다 전기모터를 장착했다. 믹스테는 시속 50km로 달릴 수 있었다.

증기자동차

프랑스 공병대 소속 니콜라 조제프 퀴뇨는 대포를 끌기 위해 기계를 만들었다. 15분마다 물을 채워야 하고 속도는 5km/h 수준에 불과했지만, 증기로 움직인 최초의 자동차였다.

가솔린 자동차

독일 기술자 카를 벤츠는 세계 최초의 가솔린엔진 자동차를 만들었다. 그의 아내 베르타 벤츠는 '파텐트 모토르바겐'을 타고 독일 만하임에서 포르츠하임까지 이동했는데, 이는 최초의 장거리 자동차 여행으로 기록되었다.

증기기관차

기차를 흉내 낼 때 내는 "칙칙폭폭" 소리는 영국인 조지 스티븐슨이 만든 기관차 '로커모션호'에서 시작되었다. 마침 쇠 만드는 기술이 발달하면서 열차의 육중한 무게를 견딜 수 있는 튼튼한 선로도 만들어졌다. 로커모션호는 90톤의 석탄을 24km/h의 속도로 실어 날랐다.

동력 비행기

자전거 가게를 운영하던 라이트 형제는 7년간 비행기를 만드는 데 시간을 쏟았다. 최초의 동력 비행기 '플라이어'는 나무 뼈대에 천을 씌운 모양이었고, 연료를 태워 프로펠러를 돌렸다. 첫 비행은 동생인 오빌 라이트가 했는데, 12초 동안 36m를 날았다.

지하철

영국 런던은 세계 최초로 지하철 '메트로폴리탄'선을 개통했다. 지금과는 달리 나무 객차를 증기기관이 끄는 형태인 데다 지붕이 없어 연기와 소음을 피할 수 없었다.

자동차 대량생산

미국의 자동차 제조업자 헨리 포드는 다른 차에 비해 10배 이상 값이 저렴한 데다 튼튼해 자동차의 왕이라 불리는 'T형 포드'를 만들었다. 1913년에는 자동차업계 최초로 컨베이어 라인에서 작업을 시작했다. 짧은 시간에 많이 만들 수 있어 자동차 가격이 낮아졌고, 수요도 급증했다.

디젤기관차

증기기관에 비해 출력이 좋고 빨리 달릴 수 있는 디젤기관차는 이내 연료비가 저렴한 디젤 전기기관차로 발전했다. 1930년 무렵 미국의 모든 철도는 디젤 전기기관차 선로로 바뀌면서 증기기관차 시대를 마무리 지었다.

로켓 항공기

미 공군의 로켓 항공기 '벨 X-1'이 세계 최초로 음속을 돌파했다. 프로펠러를 돌려 추진력을 얻던 이전 항공기와 달리, 4개의 로켓엔진을 사용해 초속 361m의 속도를 기록했다.

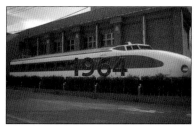

고속철도

고속철도는 최고 속도 200km/h를 넘으면서, 운영을 원활하게 할 수 있는 인프라를 일컫는다. 최초의 고속철도는 일본의 '신칸센'으로 3대 도시권인 도쿄, 나고야, 오사카를 4시간 안에 횡단했다.

UN 환경회의

제44회 국제연합 경제사회이사회에서 '오직 하나뿐인 지구'라는 슬로건 아래 국제 환경회의(EP)를 제의했다. 환경 파괴로부터 지구를 보호하고 석탄, 석유 같은 천연자원이 고갈되지 않도록 국제 협력 체제를 만들자는 취지의 내용이 포함되었다. 이후 유엔환경회의(UNEP)에서는 매년 그해의 주제를 발표하고 주최국을 선정해 환경을 위한 캠페인을 다양하게 진행하고 있다.

교토의정서

일본 교토에서 개최한 지구온난화 방지 국제 협약. 온실가스를 감축하기로 했으며, 그 방법 중 하나로 '탄소 배출권'이 등장했다. 에너지 효율 향상, 온실가스 저장원 보호, 신재생에너지 개발 등 조치의 의무 이행 대상국은 호주·캐나다·일본·미국·유럽연합 등 38개국으로 정해졌다.

전기차의 재부흥

일론 머스크의 테슬라가 로드스터를 출시했을 때만 해도 최고 속도가 210km/h밖에 되지 않는 데다 가격이 매우 비쌌다. 전기 구동 모터와 배터리 성능의 비약적 발전이 이뤄진 테슬라 '모델 S'부터 얘기가 달라진다. 전기차는 내연기관이 맞닥뜨린 환경문제를 잡아냈으며, 가속 성능이란 엄청난 강점을 등에 업고 날개를 펼치기 시작했다.

파리기후변화협약

제21차 UN 기후변화협약 당사국총회에서 도출된 국제사회 기후변화 대응을 규율하는 협약. 교토 때와는 달리 195개 당사국 모두가 채택한 협약으로, 온실가스 및 배기가스 배출량을 단계적으로 감축하자는 내용을 기본 전제로 하고 있다. 2020년 11월 미국이 기후변화협약에서 탈퇴함으로써 큰 우려와 반발을 불러일으켰다.

전기 비행기 개발

NASA는 2016년부터 전기 비행기 'X-57 맥스웰'의 개발을 진행하고 있다. 전기모터 60kw짜리 2개와 9kw짜리 12개를 사용해 기존 비행기와 맞먹는 속도로 비행하는 것이 목표다.

1.5°C

N° 2

MAKE THE FUTURE FOR ALL

<1.5°C>는 환경문제로 인한 기후변화의
심각성을 알리고 하나뿐인 지구를
살리기 위한 방안을 모색하며 실천에 동참하는
기후 위기 대응 매거진입니다.

ISBN 979-11-982962-2-1
ISSN 2799-3795
2022년 1월 28일 초판 1쇄 발행

Website
105orless.com

Instagram
@1.5_magazine

 **Soul Energy**

CEO
안지영 Jiyoung Ahn

CMO
박상도 Justin Park

COO
안지원 Jiwon Ahn

Marketer
송윤석 Yoonseok Song
윤제아 Jea Yoon
김별아 Byeola Kim

Bold.

CEO
김치호 Chiho Ghim

Editor in Chief
김민정 Minjung Kim

Editors
유다미 Dami Yoo
조서형 Seohyung Jo
김지영 Jiyeong Kim

CX Designer
김남명 Nammyung Kim

Editorial Design Dept.
Studiogomin
안서영 Seoyoung Ahn
이영하 Youngha Lee

BX Designer.
민설혜 Seolhye Min
안민규 Minkyu Ahn

Marketer
정혜리 Hyeri Jeong

협업 및 제휴 문의는
소울에너지 <1.5°C> 사업팀
02-6251-8000
contact@105orless.com
으로 보내주세요.

콘텐츠 관련 문의는
볼드피리어드 <1.5°C> 편집팀
02-3446-0691
ask@boldjournal.com
으로 보내주세요.

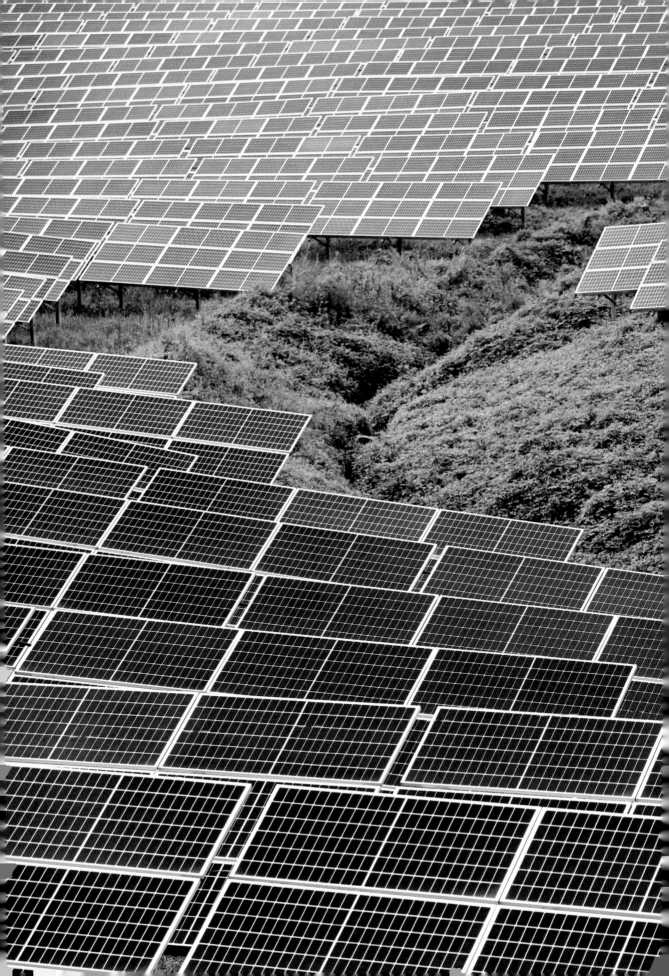

 **Soul Energy**

모두의 일상이 보다 행복해지는 세상을 꿈꾸며,
미래 환경을 위한 신재생에너지를 통해
사람과 환경이 공존하는 지속 가능한 삶을
현실로 만들고자 합니다.

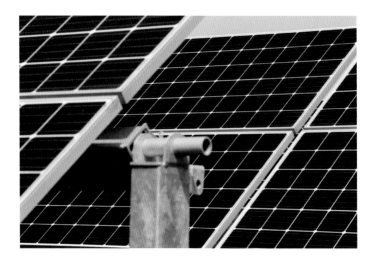

MAKE THE FUTURE FOR ALL

1.5°C

<1.5°C>는 환경 문제로 인한 기후 변화의
심각성을 알리고 하나뿐인 지구를
살리기 위한 방안을 모색하며 실천에 동참하는
기후 위기 대응 매거진입니다.

ISSUE°
GO!
ELECTRIC VEHICLE

차로 북적이는 대로변, 시끄러운 엔진 소리와 매캐한 공기는 그저
우리를 불쾌하게 만드는 것이 아닙니다. 전 세계 탄소 배출량의 18%가
운송 분야에서 발생하는 만큼 기름을 태우며 달리는 내연기관차는 지구를
위협하는 주요 원인 중 하나인 셈이죠. 오늘날 기후 위기에서 벗어나려면
지난 100년간 무자비하게 도로를 지배해온 내연기관차를 과감히 멈춰
세워야 합니다. 대신 배기가스와 소음이 발생하지 않는 전기차가 달리게
해야죠. 그런데 전기차가 정말 친환경적이냐고요? 태양빛과 바람으로
굴린다면요!